1年で100個の願いを叶える

心地良く満たされた日々のつくりかた

さとうめぐみ

廣済堂出版

はじめに

「行ってみたい！」「やってみたい！」

最近、あなたがそう思ったことはありますか？

そしてそれは実現しましたか？

多分、あなたがあのとき一瞬心をときめかせたその「みたい！」は、きっと、勲章を授かるとか人命救助をするとかという大掛かりなものではなく、「雑誌で見たお店に行ってみたい」とか「ひとりでゆっくりしてみたい」とか、ささやかで平凡なことだったはずです。


ささやかで平凡な願いだけれど、それが叶ったらとてもうれしくて、満たされた心でいっぱいになるはず。なのにあなたが心をときめかせたあの願い事はいったいいつ、どこに消えてしまったのでしょう？

日常の忙しさに紛れて消えてしまう願い事、今の自分には叶わないと自分の心の中で消してしまった願い事。「願い」というものは、いつも突然現れ、いつしか自然に消えてなくなるもの、あなたがそう考えているとしたらそれはとても残念なことです。

なぜなら「願い」というものは泡のように浮かんでは消える意味のないものではなく、あなたにあなたならではの「幸せ」の形を知らせるために、心の奥からわき上がってくる「必然」だからです。

あなたはどんなことを楽しいと感じ、どんな瞬間を幸せだと思うのか、そしてどんな人間になりたいと思っているのか、ふとしたときに浮かんでくる願い事はあなたが幸せに近づくためのヒントを教えてくれているのです。

そう、たくさんの願い事に気付いた人ほど幸せになれるのです。

ではたくさんとはいくつ？

この本では「たくさん」を仮に100個と決めてみました。そして100個の願いを叶える期限は1年間です。

1年で願い事を100個叶える！　と聞くと大抵の人は「本当に1年で願い事を100個も叶えられるかしら？」と疑問に思うかもしれません。

たしかに100という数字は、誰でもひるんでしまう数字です。

もしかしたら100という数字を見て特別な気持ちになるのは、子どもの頃の記憶の中にその理由があるのかもしれません。子どもの頃、皿洗いや肩たたきなど小さなお手伝いを重ねて、10円20円とお小遣いをためて100円になったときのうれしさ。おつかいに行った後のお駄賃でおつりから100円玉をもらったうれしさ。そして、将来はお金持ちになる！　と願って心に思い浮かべた100万円の束。「100」という数字はそんな記憶と結びついて、なんだか途方もなく大きな数字に思えるのかもしれません。

そんな思い込みをリセットするために、身近にある「100」を思い浮かべてみてください。

資料を留めるのに使うクリップ100個。ヘアスタイルのアレンジに使うアメピン100個。大きな缶に入った100個のクッキー。

意外といつの間にか使ったり食べたりしているうちにあっという間に使い切っている（自分のものになっている）数です。

1円玉を100枚にすると100円玉の価値になる。願い事も同じです。毎日小さな願い事がひとつ、ふたつと叶っていけば、１００個くらいはすぐのはず。

１年間は誰もが知っている通り、３６５日です。

その約３分の１にあたる１００日が、願いが叶う日だったらとってもうれしいな、と思うとワクワクしてきませんか？


この本には願い事なんてなかなか思い浮かばないかもしれない、と心配する人のために、ささやかでも叶ったらうれしい願い事の見本をたくさんあげてあります。

ずっとやりたかったこと、ずっと欲しかったもの、ずっと憧れていたこと。

春には、夏には、秋には、冬にはこんな風になっていたいな。

本のページをめくるたびに、あなたがいつの間にか忘れていた願い事、うまく言葉にできないでそのままになっていた願い事がきっと見つかるはずです。


小さな願い事はあなたが望む幸せの形を教えてくれる大きなヒント。

この本を片手にたくさんの願い事を叶えていきましょう！

1年で100個の願いを叶える　もくじ

第1章　心地よく満たされた日々を送るために

第２章　誰もがみんな叶え上手

第３章　願いを叶える支度をしよう

第4章 1年で100個の小さな願いを叶える

第5章 なかなか願いが叶わないという人へ

巻末付録

第１章
心地よく満たされた日々を送るために

満たされた日々、本当の幸せってなんだろう？

あなたは、満たされた日々と聞いて、どのような生活をイメージしますか？
お金がたくさんあって、好きなものを好きなだけ買える生活？
好きな人に囲まれて過ごす毎日？
ストレスのない生活？

あなたにとって、本当の幸せとはなんでしょうか？
結婚すること？
やりたい仕事に就くこと？
自分の望みが、すべて叶うこと？

書店へ行けば「幸せになる方法」とか「望みを引き寄せる方法」といった内容の本が数えきれないほど並んでいます。
「幸せになりたい」「満たされた日々を送りたい」と、漠然とした思いを抱えている

人がたくさんいるのでしょう。

しかし、**「あなたが望む幸せとは、どのようなものですか？」**という問いに、はっきりと答えられる人は少ないと思います。

多くの人は**「○○さんは美人だし、仕事ができて素敵な彼もいて幸せそう……。あれ？　私の幸せってなんだろう？」**と首をかしげてしまうのです。

少し前までは、異性にモテることや、結婚することが女性としての幸せだと考えられていて、そのために女性たちは「自分磨き」に夢中になっていました。

しかし、最近はその流れが一段落したように思えます。

恋愛や結婚は、相手がいなければ駄目で、自分ひとりでは手に入れることができない幸せなのだと気付き始めているのかもしれません。

では、自分ひとりで手に入れられる幸せとは、どのようなものでしょうか？

仕事で結果を出すこと。プライベートを充実させること。色々な幸せの形がありますよね。

その一方で、生活に追われて、自分の本当の幸せを見失っている人も多いようです。雑誌に登場するようなキャリアウーマンになることが、自分にとっての幸せだと思い込まされてしまったり、彼氏がいれば幸せなのだと刷り込まれてしまったり。**でも、本当の望みとは、外からの影響によって形作られるものではなく、自分の内側からわき出てくるものではないでしょうか。**

私の主催する手帳術のワークショップには、頑張っている女性たちがたくさん参加してくれます。

彼女たちの多くは、もう十分頑張っているのに「幸せになれないのは、頑張りが足りないからだ」「恋人ができないのは、努力が足りないからだ」「転職できないのは、実力不足だからだ」などと考えて、「もっと頑張らなきゃ！」と思い込んでしまっています。

数十年前、私たちの親世代までは「女性なら○歳までに結婚、○歳までに出産」というように、一般的な人生プランのようなものがあり、多くの女性たちがそのプラン通りに結婚・出産・子育てをしていました。

しかし、女性が男性と同じように会社で活躍している現代社会では、晩婚化が進み、結婚しない女性も増えました。男女の結婚観も変化し続けています。

今までは、◯歳までに結婚することが一般的な幸せだったのが、そうではなくなってきているのです。

結婚に限らず、貯金額、生活スタイルなど、時代とともに基準は変わり続けます。

つまり、わかりやすい幸せを選んでいる限り、あなたは死ぬまで「一般的な幸せの基準」に振り回され続けてしまうのです。

他人との比較で不幸になっている人たち

ここ十数年の間に、ブログやSNSなど、自分を発信するツールがどんどん台頭してきました。

今まで、メディアといえば、テレビやラジオ、雑誌などの特別な場所であり、芸能人や著名人でなければ情報発信できませんでした。

それが、誰でも簡単に自分メディアを持てるようになったのです。発信したい人はたくさんいて、特別なニュースだけでなく、「何を食べた」「どこに行った」「誰と会った」など、日々の出来事が不特定多数に向けて公開されています。

日常的にこういったツールに触れていると、「あること」が起こるようになります。

それは何だと思いますか？


答えは、「他人との比較」です。

友人のＡさんのFacebookを見ると、昨日は仕事で素敵なイベントに参加、今日は取引先の人たちと、ホテルのレストランでランチミーティング。休日は、仲間と旅行。Ａさんも写真に写っている人たちも、みんなおしゃれでキラキラしています。


それに比べて、自分はつまらない事務仕事を繰り返す毎日。

嫌いな上司、性格が合わない同僚。昼はコンビニ弁当。

休みの日はゴロゴロしたり、せいぜいウィンドウショッピングするくらい。

「Aさんと比べて、私の生活って最悪。全然幸せじゃない！」

このように他人と比較することで、「自分は幸せじゃない」と感じることが増えていませんか？

仕事に追われてばかりの毎日。
家事や雑事で1日が終わる。
自分の思い通りの生活ができていない。
あなたも、こんな不満にとらわれていませんか？
そして、その不満は他人と比較してのことではありませんか？

恋人がいたら幸せ。
結婚できたら幸せ。
欲しいものを手に入れられたら幸せ。
私たちの周りには、社会の基準で作られたわかりやすい幸せがあふれています。
あなたが欲しい幸せは、本当にそれらですか？

あなたが欲しい幸せは「誰の影響でもない」と言い切れますか？

あなた以外の誰かが作り上げた幸せの幻想にとらわれている限り、永遠に満たされないままです。

たとえ欲しかったものが手に入り、望んでいた生活を手に入れたとしても、それが自分の心の奥底から生まれたものでなければ、たくさんのものや人に囲まれても本当の意味で幸せになることはできないでしょう。

こんな風に問いかけられてみると、自分がこれまで思い描いていた幸せを、本当の幸せだと思っていいのかどうか、わからなくなってしまった方もいるかもしれません。

でも、それでいいのです。

今まであたりまえだと思ってきたことを、立ち止まって考えてみる。どれが社会や誰かに刷り込まれた幸せのイメージで、どれが自分オリジナルの幸せなのか。わからなくなったときが本当のスタートです。

この本を読み進めながら、誰からの影響も受けず、あなたが本当に望んでいるこ

とを見つけていってください。

この本は、あなたが心から求める幸せとは何かを、しっかり手にするためのお手伝いをしてくれるはずです。

未来の夢より、今この瞬間の幸福感

幸せについて考えるとき、もうひとつ皆さんに伝えたいことがあります。

それは、大きな夢なんて持たなくてもいい、ということです。

私自身、これまでたくさんの「夢かな本（夢を叶える本）」を出してきましたが、どの本にも、「大きな夢を持ちなさい」とは書いていません。

なぜなら、無理に夢を掲げることはストレスになる場合もあるからです。

「夢」も「幸せ」と同じように、誰かから持たなくてはいけないもの、と思い込まされている部分があるように思います。

そして、夢も幸せも「頑張って手に入れなくてはいけないもの」と勘ちがいして、頑張れない自分を責めてしまう人がどんなに多いことか……。

私が提唱している手帳術「手帳セラピー」では上手な予定の書き方も教えますが、逆に何も予定を書かなくても、手帳は書き続けられるのだとお伝えしています。

手帳に関する悩みのひとつに、「手帳が続かない」という悩みがあります。

忙しい日が続くと手帳を開かなくなる、特別な予定がない退屈な毎日なので、予定があるとき以外は手帳を開かない……。そんなことが続くうち、自然と手帳から遠ざかっていくというのがよく耳にするパターンです。

でも、1年365日のうち、何も予定がない日があったとしても、何かいいことがあったり、得をしたりと、偶然の良かったことは何かしら体験しているはず。

そこで、「予定外の出来事」や「偶然起こったこと」「想定外で手に入ったもの」なども手帳に後書きで書いておくことで、毎日色々なこと・ものを受け取っていて、知らないうちに自分は満たされているのだと気付く習慣をつけることをすすめています。

満たされているのだと実感する。これがとても大事です。

今まで「幸せになりたい」とちょっと頑張りすぎていた人は、日々の中に、幸せだと思えることを見つけてみてください。

今日一日を終えるとき、どんなときに幸せを感じたか、手帳に書き出してみましょう。「朝食の炊きたてご飯が美味しかった」など、小さなことでいいのです。

私たちは、嫌なことや心配ごとなど、マイナスの思考に引っ張られがちです。

例えば、電車に乗って座りたいと思った瞬間に席が空いて座れたとしましょう。その瞬間は「ラッキー！」と、とてもいい気分です。

でも、電車を降りるとき、知らないおじさんに足を踏まれてしまったとしたら。さっきまでの「ラッキー！」はどこかに去って、「痛い！　最悪！」という気持ちにすり替わります。

このように、いいことがあった後に嫌な出来事が起こると、「嫌だ嫌だ嫌だ」という思いに支配されて、「いいことがあった」という事実を忘れてしまうのです。

うれしかったことや、幸せなことはすぐに忘れてしまいます。

では、忘れないためにどうするか。

「手帳セラピー」では、手帳の日付欄に予定を書くように、文字で書いて残すことをおすすめしています。

時間や予定という目に見えないものを手帳に書いて見える工夫をするのと同じように、目に見えない良かったこと、幸せなことを文字という目に見える形で残す工夫をするだけで、今までは忘れてしまっていたハッピーを手帳の上で確認することができます。

予定を確認しようと開いた手帳の文字を見て「あの炊きたてご飯、美味しかったな～」と、またあのときの幸せ気分を思い出すことができるのです。

日々の中にある幸せを、1日でひとつ探していけば1週間で7個。1年で365個。365個もの幸せを手にしていたなんて、驚きですよね。

もちろん、数が多ければ良いというものではありませんが、毎日ひとつ幸せを実感できたら、とても満たされる気分でいられると思いませんか？

そしてこの満たされた気分でいることが、また次の幸せを引きよせてくれる磁場となるのです。

夢を叶えることに疲れたら

毎年、手帳切り替えの時期になると、書店には手帳術の本や、手帳の使い方を特集した雑誌が数多く並びます。

元々はスケジュールを管理するだけだったのが、夢を叶えたり、１年間で何か大きなことを成し遂げるためのツールとして使われるようになっています。

そして、多くの人が**「新しい年、新しい手帳を使い始めたら、新しい自分にならなくちゃ！」**とか**「今年こそは夢を叶えよう！」**なんて、目標を持ちたがります。

今年こそはダイエットに成功する！

１年間で１００万円貯金する！

仕事で去年の2倍契約を取る！　などなど。

しかし残念ながら、大抵の場合は思い通りに進みません。

日常に追われるうちに、夢や目標を忘れて、手帳を使い終える頃に「ああ、今年も何も成し遂げられなかった」と自己嫌悪。

そうしてまた「今年こそは！」と意気込んで、新しい手帳を使い始めて……の繰り返し。

日常生活を送りながら1年間で大きな夢を叶えるのは、自分がもう一人必要なくらいエネルギーを使います。

頑張って、なんとか気力が持つのは1～3ヵ月くらい。

大体の人が、息切れをして続けられなくなります。

そして「私は頑張れない駄目人間なんだ」「夢を叶える力がないんだ」と、どんどん自己肯定感が低くなってしまうのです。

誤解しないでもらいたいのですが、夢を叶えることや新しい自分になろうとすること、そのものを否定しているわけではありません。

私も手帳セラピーで「夢を叶えたい！」というみなさんのサポートをしてますし、目標を達成しようと頑張る人は、本当に素敵だと思います。

でも夢を叶えて幸せを実感できる人は、息切れに対応するコツを身に付けられた人であることも知っておいてもらう必要があります。

ここで、少し私自身の経験をお話ししたいと思います。

私は幼い頃から本が大好きで、本を読んでいるときが何より幸せ。夢は自分の本を出版することでした。

２００９年、カルチャーセンターで手帳術の講座を開いていた私に、出版社の編集者が声をかけてくれて、初めての著書の出版が決定。

大きな夢が叶った瞬間でした。

記念すべき1冊目の『手帳は〝完了形〟で書く』（東邦出版）は、もう無我夢中で書いた記憶しかありません。

次の年、「1冊出版しただけで終わりたくない！」と頑張って、2冊目の『1年で夢を叶える 宇宙とつながる手帳の書き方』（東邦出版）を出版。

さらに翌年、「石の上にも3年と言うし、3年くらいは継続して頑張らなくちゃ」と、3冊目の『マンスリー&ウィークリーで幸運を呼び込む「2度書き」手帳術』（東邦出版）を出版しました。

そうして本を作り続けて20冊ほどになった頃、自分が息切れをしていることに気付いたのです。

3の法則というのを聞いたことがあるでしょうか？

3日、3週間、3ヵ月、3年。

3という数字は、ひとつの節目になりやすいと言われています。

「3日坊主」という言葉があるように、3のつく節目に苦しくなったり、飽きてしまったりすることが多いのです。

私の場合は著作家として活動してちょうど3年目、３冊目を出すときに変化が訪れました。手帳術の講師としての活動や、本を出すことが「ちょっと苦しいな」と感じ始めたのです。

その時点で、無理をせず少し休む、という選択肢もありましたが、私は「苦しいのは順調な証拠だ」と考えました。

なぜ苦しくなってしまうのか。

それは、きちんと向き合っているから。

手を抜いていたり、中途半端にやっていたら、苦しくならないはず。

全力でやっているから苦しいんだ。

そして、全力で好きなことをできているのは、順調だからだ。

このように考えて、もう少し頑張ることにしたのです。

さらに3年、１冊目の本を出してから6年目。私はまた苦しさを感じるようになってきました。

大学で講師として仕事をしながら、手帳術のワークショップを行ったり、本を出版したり。うまく仕事のペースを作れず、どんどん疲弊していきます。

6年前なら多少無理をしても大丈夫でしたが、6年齢《よわい》を重ねた今、体力的に苦しいのは当然のこと。**そうなって初めて、夢を叶え続けるためには休むことも必要なんだ、と気付いたのです。**

大きな夢をひとやすみして、小さな幸せを集める

長い階段を上るとき、ふと見上げた先に階段が続いていると、まるで永遠に上り続けなければならないような気がして、げんなりしてしまいますよね。

でも、少し先に踊り場が見えたとしたらどうでしょう？

「あの場所まで到達したら、いったん休もう」と、少し気が楽になりませんか？

そして、一度でも休むことができたら、長い長い階段も最後まで上り続けられそ

うな気がしませんか？

10kgのダイエットを成功させたいのに、5kg減ったところで苦しくなってしまった。そうしたら、その時点でいったんダイエットをお休みしましょう。手帳に、「1日だけダイエットは休み」と書き込んで、リラックスして過ごしましょう。

100万円貯めたいのに、40万円貯まったところで辛くなってしまった。そうしたら、その時点でいったん節約をやめてみましょう。手帳に「3日間、節約は小休止」と書いて、4日目の節約レシピを考えましょう。

仕事で業績を上げようと頑張っているのに、全然契約が取れなくなった。そうしたら、その時点で休んで肩の力を抜きましょう。手帳に「1週間、気負った営業はお休み。これまで契約してくれた方のフォローを中心に仕事をしよう」と書き込みましょう。

大切なのは自分が苦しんでいるのだ、と意識することです。

頑張りすぎて体を壊してしまったり、心を壊してしまったりしては元も子もありません。

「夢を叶えている人がたくさんいるのに、どうして私は頑張れないんだろう」

もしあなたが、夢が叶わず苦しい思いをしているとしたら、決してこんな風に自分を責めないでください。


苦しいのは順調だから。

あなたが本気で取り組んでいる証拠なのですから。

でも、もし苦しくて仕方ないのなら、いったんお休みしても大丈夫です。

少し休んだくらいで、夢を叶えるチャンスは失われたりしません。


階段の踊り場でひと休みしながら、周りの風景をゆっくりながめ直してみると、すぐそばにたくさんの小さな幸せが散らばっていることに気が付きます。

そして、この小さな幸せが、ゆくゆく大きな夢を叶える活力となるのです。

そうそう、「踊り場」といえば、明治以前の日本には「踊り場」はほぼ存在しなかったそうです。

明治時代になって、今までよりも大きな建物を建てる必要が出てきた際、長い階段が作られるようになりました。その際、転落などのリスクをさけるために「踊り場」が考え出されたそうです。

洋装をした人が、階段にできた平場で方向を変える様子が、踊りを踊っているように見えるので「踊り場」と名付けられ、階下の風景を楽しむ場にもなりました。

夢の階段を上るとき、こんな「踊り場」の由来を思い出し、上ってまた道をながめてみると、また前に進むエネルギーがわいてくるはずです。

夢がない、という人へ

私のワークショップに参加してくれる人たちから、よく「叶えたい夢がない」という相談を受けます。

19ページで「大きな夢なんて持たなくていい」と言いましたが、ここでは「夢を見つけたい」という人に向けて、大切なお話をしますね。

叶えたい夢が見つからない、と言う人の話を聞いてみると、夢といえば本を出版したり、自分のお店を開いたりすることだと思っている人が多いのです。

「なぜ出版や開業なの？」と聞くと、「大きなことをやったほうが、人にすごいって言ってもらえそうだから」という答えが返ってきます。

人に自慢できたり、「すごい！」と褒めてもらえるようなことじゃないと、夢とはいえない。そう思い込んでしまっているようです。

夢＝人に「すごい！」と褒められること。これがこの方の「本当の夢」なのです。

本を出版したり、お店を開いたりすることではなくて、実は**誰かに認められることや、一目置かれることを望んでいるのです。**

だから本気で執筆を始めたり、お店を開くための一歩さえ、進まないのです。

そこで「誰かに認められることや、一目置かれることがあなたの本当の望みなのだとしたら、どのように叶ったら満たされた気持ちになれるでしょうか？」と、改めて問い直してみると……。

職場で「いつも対応が早いね」と褒められたら、満たされた気持ちを感じる。

家で「ご飯、美味しい！」と言われたら、満たされた気持ちを感じる。

友達に「ありがとう」と感謝されたら、満たされた気持ちを感じる。

こんな風に日々の生活の中でも、十分満たされた気持ちになることがわかってきます。**そう、本当に望んでいることさえわかれば、夢はどんどん叶えることができるのです。**

世の中の「大きな夢を持ちましょう！」「積極的に活動をして、夢を叶えましょう！」という声に影響されてしまっていることに気付いたら、今日からシフトチェンジ！　大きな夢よりも本当に望むことを明確にしましょう。

今、叶えたい夢がある人もない人も、もう一度自分が本当に望んでいるのは何か、じっくり考えてみてください。

なんで？　どうして？　でシンプルな答えを見つける

夢に関するワークショップを開催した際、参加者のひとりから、次のような相談を受けました。そのときの会話をそのまま紹介します。

相談者A子さん（以下、A）「めぐみ先生、私、叶えたい夢がないんです」
私「そうなの？　それじゃあ、今、A子さんが一番やりたいことは何？」
A「うーん、やりたくてもできていないのは、片付けかなぁ」
私「それが夢です」
A「えっ？　片付けって夢に入るんですか？」
私「もちろん。でも、もう少し深く考えてみましょうか。A子さんは、どうして片付けをしたいの？」
A「家が散らかっていて、足の踏み場もなくて、なんだか落ち着かないから……」
私「なるほど。A子さんは家で落ち着いて過ごしたいのね。それじゃあ、本当に望んでいるのは、落ち着いて過ごすことじゃないかしら？」

Ａ「あっ、そうです。毎日疲れて帰ってくるから、ゆっくりしたいんです」

私「それなら、無理に片付けをしなくても、ゆっくりできるスペースがあれば、夢が叶ったことになりますね」

家の中を完璧に片付けようと思うと、とても大変なことのように感じますが、ゆっくりできるスペースさえ作ればいいと思い直すだけで、とても気が楽になりますよね。本当に望んでいることがわかれば、このように叶える方法は案外簡単に見つかるものです。

子供の頃を思い出してみましょう。

わからないことは「なんで？　どうして？」と、とことん聞いていたはず。でも、大人たちは答えるのが面倒になって、答えをぼかしたり曖昧《あいまい》にごまかしたりします。そうやってごまかされてきた私たちは、大人になった自分自身の問いにもきちんと向き合うことが苦手です。

答えを見つけるのが面倒だから、考えないようにして放り出している感情がたくさんあるのです。

もしあなたが心地よく満たされた日々を過ごしたいと願うのなら、自分に対して「なんで？　どうして？」を意識してやってみてください。

自分でも意外な答えが飛び出してくるかもしれませんよ。

満たされるために、持たない

少し前なら断捨離、最近だとミニマリストという言葉をよく聞くようになりました。多くの人が、ものを持ちすぎていることに気付き始めたのです。

では、なぜ人はものを持ちすぎてしまうのでしょうか？

「これを持っていないと、いざというときに困る」と言う人は、心に不安を抱えている傾向があります。

ちょっと出かけるだけなのに、念のためあれもこれも持ちたくなって、ついついカバンが重くなってしまう人も、これに該当します。

それから、「あの人が持っているから」「あの人が持っていないものだから」と、自分以外を基準としてものを選んでいたり、流行のブランドものばかりを追いかけている人は、ものに愛着がないがゆえに溜め込んでしまう傾向があります。

買ってはみたもののあまり似合わなくて、クローゼットにしまったままの服。

流行っているから買ったけど、使い心地が悪くて使えないカバン。

あなたの部屋は、このようなものであふれてはいませんか？

これらを片付けようと思ったら、とてもエネルギーを使いそうですね。

ここまでは目に見えるものを例にあげましたが、同じことが目に見えない世界でも起こっています。


例えば、人間関係。

本来は目に見えないものですが、今はTwitterやFacebookのフォロワー数、LINEの友達の数などで、数が確認できてしまいます。

「○○さんは、Facebookの友達が何百人もいる。私も、もっと増やさなくちゃ」

そう思って頑張るけれど、本当は人付き合いが苦手なのでとても疲れる。

でも、繋がりをつくらなくちゃ。

この繰り返しで疲弊してしまう人も多いようです。


ＳＮＳへの投稿も、疲れてしまう原因のひとつです。

デンマークのシンクタンク「幸福度研究所」の２０１５年の調査によると、Facebookをやめると幸せになるという結果が出たそうです。

デンマーク在住の１０９５人を２グループに分け、一方のグループだけFacebookの利用を禁止し、１週間後に生活の満足度を10点満点で聞いたところ、Facebookを禁止されたグループのほうが、7.56点から8.12点にアップ。

「幸福を感じる」パーセンテージも、Facebookを使っていたグループより７％高かったことから、Facebookをやめた人は続けている人より生活の満足度が高まるという実験結果を公表しました。


Facebookで疲労感や憂鬱さを感じる原因は、「自慢だらけの投稿」と「嫉妬心」にあるそうで、**「自分に何が必要かよりも、他人が何を持っているかを気にするよう**

になる」という指摘も出されました。

まるで芸能人のようにパーティーをしたり、素敵なお店に行った様子が投稿されていたり、有名な人と知り合いになったことが報告されていたり。

恋人や家族と行った場所、食べたもの、もらったものが投稿されていたり。

自分と同格だと思っていた相手が、自分よりも幸せそうにしている姿を見ることで、おおいに心が乱されてしまうのだとか。

日本特有のママ友との付き合い、同級生、同僚との比べ合い、必要以上の人間関係は、多くの時間やエネルギーを奪っていきます。

シンプルに考える人は、自分の持てるものしか持ちません。

自分のできる範囲、無理のないことしかやりません。

人付き合いも、広げたところで持ちきれなくなるのなら、広げる必要などないのです。カッコつけて「人脈作り」なんて言っても、それを本当に活用できるのは、一部の人間だけ。

何もかもを手に入れる必要はありません。

自分にとって本当に必要なもの、持っていると満たされた気持ちになれるものを、
目の前にあふれているものたちから、ひとつずつ見つけていく。
それが、夢を叶える、幸せになる、ということではないでしょうか。

第２章
誰もがみんな叶え上手

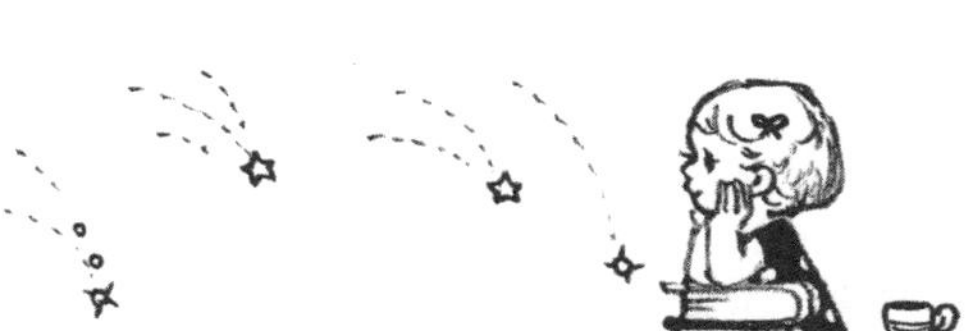

誰でもたくさんの願いを叶えられる

私たちは、毎日たくさんの願いを叶えています。

でも多くの人は、願いが叶ったことに気付いていないのです。

とても、もったいないと思いませんか？


では、なぜ願いが叶ったことに気付いていないのでしょう？

それは、自分の願いと叶ったことの両方に対して意識が薄いからです。

自分がどのような願いを持っているのか、はっきりとわかっていないために、なんとなく「願いが叶わない」「不幸だ」と思い込んでしまっているのです。


女の子は、幼い頃から魔法使いに憧れます。

コメットさん、ひみつのアッコちゃん、魔法使いサリー。

あなたも一度はこれらアニメの魔女っ子シリーズに憧れた記憶があるはず。

ひみつのアッコちゃんのコンパクトやコメットさんのバトン、サリーちゃんのタ

クト。魔法のアイテムを使って変身したり願いを叶えたり。

そんな彼女たちに憧れ、「もし私が魔法少女だったら」なんて、考えたことはありませんか？

この魔法少女達の存在は、私たちに**「願いを叶える＝大きな変化」**と思い込ませました。

魔法のステッキを一振りすると、お姫様に変身する。

魔法のステッキを一振りすると、動物やぬいぐるみが喋りだす。

魔法のステッキを一振りすると、美味しいケーキやおやつが出てくる。

このように、見た目が大きく変わることや、「なかったもの」が突然手に入ることなど、大きな変化が「願いが叶った状態」なのだと刷り込まれてしまったのです。

もちろん私にも、魔女っ子シリーズが大好きな子ども時代があったし、メルヘンはあっていいと思います。**でも叶え上手を目指すみなさんには、「願いを叶える＝大きな変化」だという思い込みは捨ててもらいたいのです。**

そして、魔法のアイテムがなくても、あなたはあなた自身の願いを叶えられる、とてもチャーミングな魔法使いなのだと気付いて欲しいのです。

願いを叶える＝大きな変化という思い込みをなくそう

「願いを叶える＝大きな変化」という思い込みをなくす。

これは、なかなか難しいことです。

七夕の短冊に書く願い事をイメージしてみてください。今のあなたなら何を書きますか？

- **好きな人と付き合えますように**
- **宝くじが当りますように**
- **ダイエットに成功しますように**
- **海外旅行に行けますように**

どれもやはり外見的・環境的に大きな変化を望む願いです。

少し話が横道にそれますが、七夕の短冊に書く願い事は「どんな願い事でも良い」というものではありません。

七夕祭りは、中国の行事「乞巧奠《きこうでん》」がルーツと考えられており、機織りが上手だった織女星《しょくじょせい》にちなんで機織りや裁縫など、日常生活の中で必要な技の上達を願うものでした。

さらにそこから派生して、芸事などの上達もお願いするようになりましたが、いずれも何か自分自身の技の「上達」を目的としていたのです。

それがいつの間にか、「どんな願い事でもオッケー」になってしまったんですね。

いつの間にか……それは、たぶん日常生活が不自由なくなったことと関係しているのではないでしょうか。そのせいで、自分に必要な技が何かを考える機会も失ってしまったのです。昔の人は、日常を大切にし、「小さな変化」こそが日々の幸せにつながることを知っていたのです。

では、「願いを叶える＝大きな変化」という思い込みをなくすためには、具体的に

何をすればいいのでしょうか。

まず、普段あなたが**「こうだったらいいな」**と思って、その通りになったことを手帳のウィークリー欄に書き出してみてください。昨日、一昨日、1週間前……とさかのぼって思い出してみましょう。

例えば……

・「明日着ていきたい服があるから、足元悪いと嫌だな。晴れてほしいなー」と思っていたら、見事に晴れた。

・電車で「座りたいな」と思っていたら、ちょうど次の駅で目の前の人が降りて座ることができた。

・休日に友達と約束をしていたけれど、なんとなく家でゆっくりしていたい気分。断るのは申し訳ないから「面倒だけど仕方ないか」と思っていたら、相手の方から日時の変更があった。

このように手帳の日付を頼りに書き出してみると、「こうなったらいいな」と願っていたら自動的に叶った、なんてことが日常の中にたくさんあることに気付くはずです。

そして同時に、叶った瞬間はとてもうれしかったはずなのに、すぐに忘れてしまっていることにも気付くことでしょう。

残念なことに、「叶った！　うれしい。幸せ」という気持ちが、重なることなく次々に消滅してしまうから、多くの人が「私は全然幸せじゃない」「もっと幸せになりたい」と思うのでしょう。

でも、淡雪のように降ってくる幸せを上手につかまえることができれば、私たちの心はもっと満たされたものになるのではないでしょうか？

何気ない日常の中で、叶ったことを覚えておく

つまり、本当は誰もが願い事の「叶え上手」なのに、同時に「忘れ上手」でもあるのです。

叶ったことを覚えているより忘れてしまう方が多いので、どうしてもがっかりした気持ちが上回ってしまう。

そして自分自身に、「何も叶わなかった」「願っても叶わない」という思い込みを植え付けてしまっています。

この思い込みをなくすためには、「叶ったことを覚えておく」のがとても効果的です。

そうは言っても、人間の記憶力には限りがあります。

日常のささやかなことを、すべて覚えておくのは大変ですよね。

でも、文字にして残しておけば、見直すだけで「そういえば叶っていた!」と思い出すことができます。

そこで日付、予定、出来事がひと目でわかる手帳に「叶ったこと」を日付と関連させて記録してみましょう（左ページの図を参照）。

このようにして叶ったことを日々記録していると、思っていたよりも、ずっと多くの小さな願いが叶ったり、考えていたことが意外と簡単に実現したりするのだと気付けます。

私たちが幸せでいるためには、まず第一に何気ない日常の中で、幸せを実感できていることが大切です。

日々小さな願いが叶っていることがわかると、次第に「満たされている」と実感できるようになります。

そして、自分で満たされていると思えるようになると、マイナス思考がなくなってきたり、必要以上に悩まなくなってきたりと、心の安定につながってきます。

ですから、もしあなたが「マイナス思考を治したい」「すぐに悩んでしまって苦しいので、なんとかしたい」「自分に自信を持ちたい」と考えているのなら、ぜひ今日から

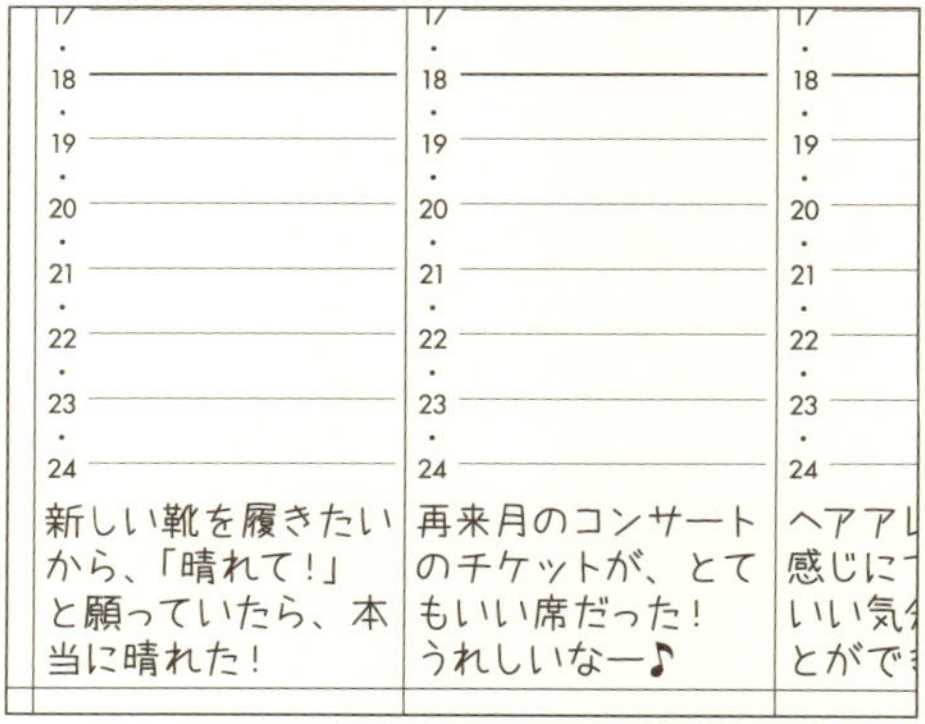
18
19
20
21
22
23
24
新しい靴を履きたいから、「晴れて！」と願っていたら、本当に晴れた！
再来月のコンサートのチケットが、とてもいい席だった！うれしいなー♪

このようにウィークリー欄の余白を使って、叶ったこと・受け取った小さな幸せを記録します。

「叶ったこと」を記録してみてください。

叶ったことの記録を始めてみたものの、「何も叶っていない」「叶ったかもしれないけれど、忘れてしまった」という人は、家族や友達など、身近な人に協力してもらいましょう。

「最近、私が喜んでいたことって何かな?」と聞いてみると、「好きなアーティストのチケット、いい席だったって喜んでたよね」と言われて、「ああ、そうだった!」なんてこともありそうです。

そして、あなたが忘れてしまっていた幸せを、身近な誰かが覚えていてくれたことも、とても幸せなことだと気付けたら素敵ですね。

願ったことは、とりあえず書いておく

友人と一緒に旅行をしたときのこと。

目的地に到着すると、友人が「あっ！　この場所、来たいと思っていた場所だ！」と言ったんです。

「ここに来たいから旅行に来た」のではなく、「着いてみてから、そういえば来たかった」と思い出すなんて、面白いですよね。

おそらく、以前テレビや雑誌で見て、「行きたい！」と思ったものの、強く願ったわけではなかったため、そのまま忘れてしまったのでしょう。

前のページで「叶ったことを忘れてしまう」という話をしましたが、このように多くの人は「願ったこと」も忘れてしまうものなのです。

そして、叶ったときに「ハッ、そういえば！」と思い出すのです。

叶ったときに思い出せばまだいいですが、思い出さずにそのままスルーしてしまうこともあるかもしれません。

せっかく願いが叶ったのに、なんだかもったいないですよね。

ですから、「こうしたいな」と思ったことは、そのときにすぐ書く習慣をつけま

しょう。私は手帳に「やりたいことリスト（ワクワクリスト）」と「欲しいものリスト」という願い事を書くページを作り、「京都の川床で食事」とか「使いやすい旅行用のバッグ」など、願った日・叶った日の日付とともに記録するようにしています。

テレビの旅番組を見ていて、「京都の川床での食事、風流だな〜」「その旅行には新しいバッグで行きたいな〜」と次々に浮かんでくる願いが、淡雪のように解けてしまう前に、手帳に書き込むのです。

ただし、わざわざ手帳を開いて書くのが面倒だと思ったら、書かなくてもOK。その願い事は、その程度のもの、つまり本気で願っていないのだと気付くことができます。

そんな基準をもとに願い事を文字にして残してみると、やりたいことも欲しいものも、願ったことはかなりの確率で叶っていることがわかります。

「願い」というのは、気持ちや時間と同じように、目に見えないものです。目に見えないものを扱うのは、とても難しいこと。

目に見えないから、自分の気持ちを大事にできなかったり。

目に見えないから、時間をうまく使えなかったり。

目に見えないから、願い事を叶えることができなかったり。

だから、気持ちも時間も願いも、まずは文字にして目に見えるようにすることが大切なのです。

1年という時間を1冊の形で目に見えるように考え出された手帳は、「目に見えないけれど、大切なもの」に気付かせてくれる最強の文具なのです。

願っていないことほど、叶ってしまう？

ワークショップなどで「誰でもたくさん願い事って叶えられますよ」というお話をすると、よく「こうなって欲しくないってことだけ確実に叶うんですけど、どうしたらいいですか？」という質問を受けます。

嫌だと思うことほど、叶ってしまう。

悪い予感ばかりが当たる。
未来の悪い出来事を当てられるなんて、まるで予言者のようですよね。
でも、それだけ嫌なことを叶えられる能力を持っているなら、ベクトルを少し変えるだけで、好きなこと・本当に望んでいることを叶えられそうです。

では、嫌なことほど叶ってしまうのはなぜでしょうか？
それは、嫌なことをイメージするのが無駄に上手だからです。

例えば、「今日は仕事で失敗したくない」と思っていたとします。
大きな失敗をしてしまって、上司にこんな言葉で怒られて、全部やり直すためには残業をしなければならなくて、疲れ果てて帰宅するから家のことも何もできなくて……。

こんな風に自分でシナリオを作っていませんか？
「こうなりたくない」と思っているはずなのに、繰り返し「なりたくない姿」をイメージしていませんか？　しかも、細部まで綿密に。

現実は細かくイメージすればするほど、あなたが思い描いたイメージ通りに進みます。しかも疲れ果てての帰宅まで、感覚を先どりしたイメージをしてしまえば、叶う確率は相当アップしてしまいます。出社して仕事を開始した瞬間に、「仕事で失敗する」シナリオ通りに、現実が動き始めるのです。

嫌なことほど叶ってしまう人は、このような現実を作り出す行動を無意識で行っていることに気付かず、「ほら、だから思った通りになったでしょう」「やっぱり私は嫌な思いをする運命にあるんだ」と都合よく運命のせいにしてしまうのです。

嫌なことは起こってほしくない（なりたくない姿をイメージ）。

↓

嫌なことが現実になる。

↓

やっぱり、私の思った通りになった（自分が思った通りの現実になった）。

このようなサイクルを、自分でいつの間にか作ってしまっているのだと気付くことが、幸せ体質になる第一歩です。

第1章でもお話ししましたが、私たちはうれしかったこと・楽しかったことよりも、嫌だったこと・辛いことの方をよく覚えています。

これは、人間の本能といえるかもしれません。

「次に同じような危機が訪れたら、こういう対応をすればいいんだ」と学習するために、嫌なこと・辛いことをキャッチする能力が高くなっているのでしょう。

本能だから仕方ないともいえますが、もしあなたが「嫌なことは、叶ってほしくない！」と思うのなら、心の中で思っていること、頭の中でイメージしている嫌なことを、すべて文字にして書きましょう。

一度文字にすると、不思議と心の中での反芻《はんすう》が少なくなってきます。

手帳の使っていないページに「Delete（消去）」欄を作って、「嫌だな。心配だな。不安だな」と思うことがあれば、どんどん書き込みましょう。

そして、最後は「次はこうする」と自分ができる行動で締めくくること。

そうしているうちに、「願っていないことが叶う」現象は減っていきますよ。

第3章
願いを叶える支度をしよう

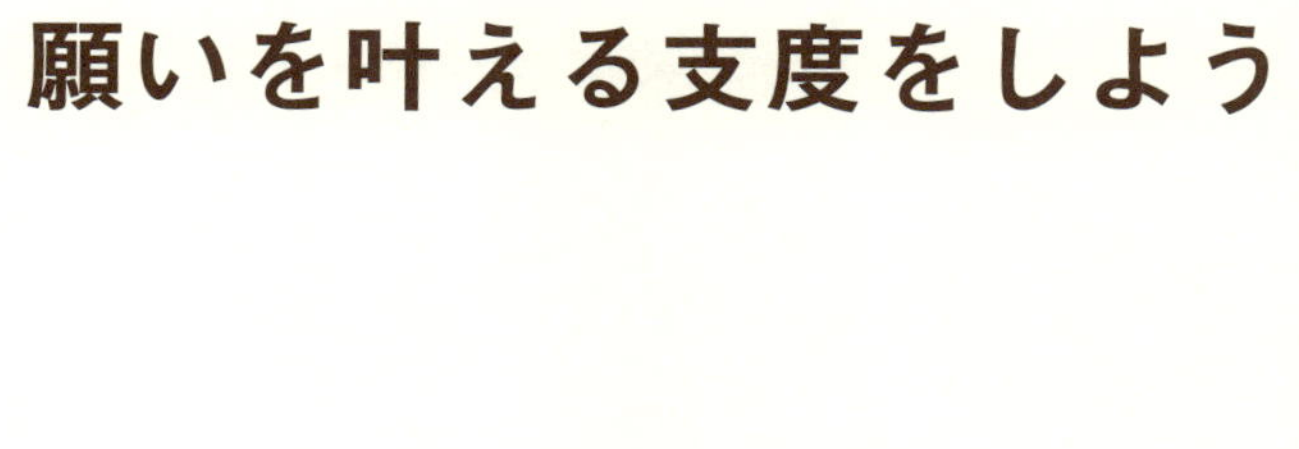

１００個の願いを叶える準備をしよう（アイテム編）

第1章、第2章と「幸せってなんだろう?」「願いを叶えるって、どういうことだろう?」ということについてお話してきました。

ここからは、いよいよ実践編です。

実際に、たくさんの願いを叶える方法をレクチャーしていきます。

たくさんの願いを叶えようとしたとき、まず最初にしなければならないのは、なんでしょうか?

それは、**「自分の願い事を知る」ことです。**

この本は『１００個の願いを叶える』ですから、1年で叶えたい願い事の数は最大１００個。

もちろん１００個に満たなくても構いません。

でも、望んでいることを１００%自分の中から引き出すつもりで、これからご紹介するワークを行ってみてください。

用意するのは、次の２つのアイテム。

・付箋紙《ふせん》１００枚（巻末付録をコピーして使ってもＯＫ）

・緑色のペン

このワークでは、ちょっとした覚え書きなどに使う「付箋紙」が活躍します。文具店や１００円ショップには、ベーシックなものから、イラストが描かれたキュートなものまで、さまざまな付箋紙が並んでいます。あなたが願い事を書くときに、ワクワクするような付箋紙を選んでください。

中には付箋紙を見ると、職場での忙しさを思い出して、なんとなく嫌な気分になってしまう人もいるかもしれません。そうい

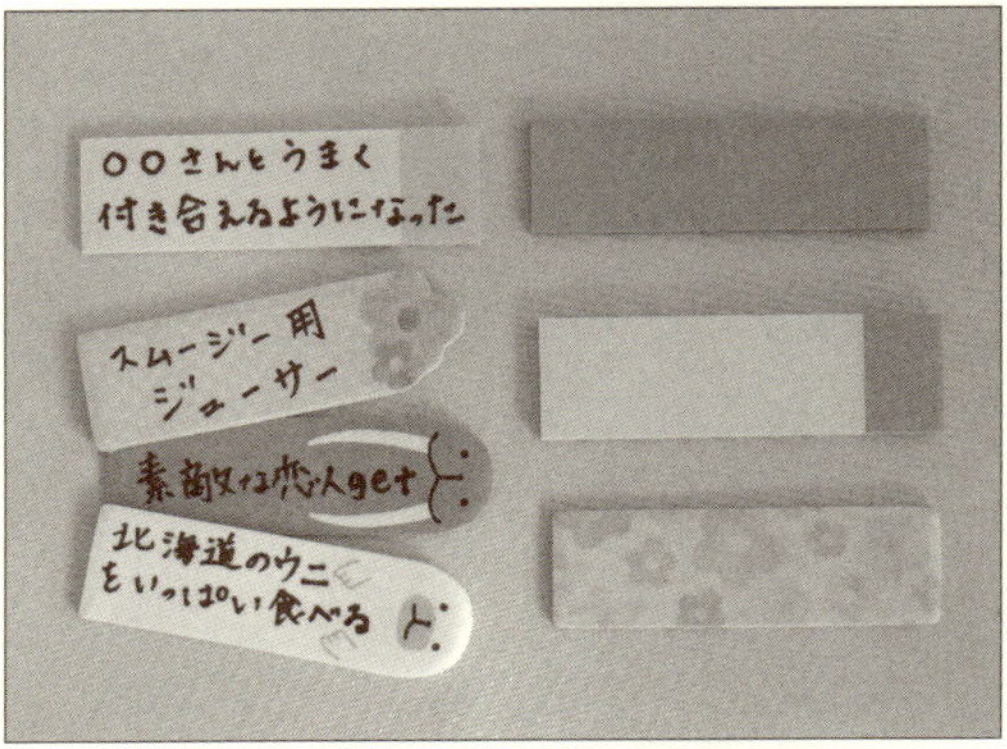

緑、ピンク、黄色など、好きな色の付箋紙を使用しましょう。サイズも自分が使いやすいサイズを選んで。

うときは、職場で使っているタイプとは違う付箋紙を用意して。

手にとってうれしくなる気持ちが、「叶ってうれしい気持ち」を引き寄せる、そんなイメージで付箋紙を手にしてください。

緑色は願いを叶える力をくれる色

もうひとつ、ワークに必要な道具がペンです。

最近は文字を消せるペンも普及しているので、書き間違いの心配がある人は、このタイプのペンを使うと気軽に書くことができると思います。

ペンの色については、カラーセラピーの考え方を取り入れています。

色は体や心に影響を与えるもの。

ですから、「どんな色でもいい」というわけではないのです。

願い事を書くときにおすすめなのは緑色。

オーラソーマというカラーセラピーでは、古代インドから受け継がれている「チャクラの教え」を取り入れ、自然と自分とに調和にすることを推奨しています。

人を意味する「human」は「hue-man」（色の人）から生まれた言葉です。

人間には虹の7色に対応する7つの「エネルギーセンター」があるとされていて、その7箇所を「チャクラ」と呼んでいます。

緑色は、第4チャクラの色。ハート・胸のチャクラの色です。

この第4チャクラはすべてのチャクラの中心で、いろいろなものを感じたり受け取ったりする部分、愛の受け渡しを行う特別の場所。

このチャクラのバランスが取れていれば自然体の自分・愛と感謝に満ちた自分でいられ、物事を客観的に見ることができると言われています。

また、**緑色には「調和（バランス）を取る」効果もあります。**

「願い事は叶ったけれど、お金がなくなってしまった」

「願い事は叶ったけれど、忙しくて体調を崩してしまった」

このような事態に陥らないよう、緑色のペンを使ってバランスの良い幸せを手に入れましょう。

どうしても、「緑よりもピンクが好き」「色ペンよりも見やすい黒インクや青インクがいい」という人もいるかもしれませんね。その場合は、あなたが一番いいと思ったペンを使ってもらってかまいません。好きな色を使うことで気持ちが良くなれば、幸せを引き寄せる力は自然とアップします。

どの色を使おうか迷ったら、あるいはうまく願い事が叶わないときだけ、おすすめしている緑色のペンを使ってみてください。

願い事は3つのカテゴリに分けて考える

付箋紙とペンの用意ができたら、いよいよ願い事を書く番です。

付箋紙を一枚ずつめくって、あなたが願っていることを書いてみてください！

と、こんな風に言われて、勢いよく書こうと意気込んでも、すらすらと出てくるのはせいぜい3～4個。ほとんどの人は、ピタッとペンが止まってしまうでしょう。

「願いを叶えたい」と思っていたはずなのに、いざ文字にしようとすると、なかなか出てこないものです。
「ああなったらいいのに」「これが欲しい」と日ごろ口にしている願いは、意外と口先だけのことにすぎないのかも、と気付くのも大事なことです。
とはいえ、１００個の願いを書いて叶えるのが目的なのですから、続く５、６個～１００個の願いを引き出す方法を教えましょう。
それは、願い事を以下の３つのカテゴリに分けて考えること。

①欲しいもの
②やりたいこと
③誰かを幸せにするための願い事

大抵の願い事は、この３つのどれかに分類されるはずです。
例えば、「素敵な土鍋」なら、①欲しいものです。
「季節の鍋パーティー」なら、②やりたいことになるでしょうか。

「男女合同鍋パーティー」ですと、③誰かを幸せにするための願い事に分類できそうです。

「恋人が欲しい」という願い事ならどうでしょうか？

恋人を大まかに「もの」と捉えるのなら、①欲しいものになりそうですね。

「素敵な恋人がいる、愛に満ちた日々を送りたい」なら、②やりたいことに分類できるでしょう。

「素敵な恋人を愛し、愛されたい」なら、③誰かを幸せにするための願い事になるでしょうか。

欲しいものについて考えてみよう

願い事を分類するなんて珍しいと思うかもしれませんが、分けて考えることで叶う度合いがグンとアップします。さっそく、それぞれのカテゴリについて詳しく見ていきましょう。

まず①欲しいものについてです。

「欲しいもの＝物欲＝悪いもの」と思われがちですが、目に見えるものは願いが叶ったときにわかりやすいので、一番初めに書き出すことをおすすめします。

まず、付箋紙の1枚に欲しいものをひとつ、緑色のペンで書き入れましょう。

何が欲しいか考えていると、自分がどうありたいかが芋づる式に見えてきます。

例えば、「仕事用の素敵なスーツが欲しい」「シャネルのバッグが欲しい」「履き心地のいい通勤用パンプスが欲しい」。このような願いを書いた人は、仕事を頑張りたいと思っている可能性が高そうです。

使いやすい台所用品が欲しいと書いた人は、家事をちゃんとやりたいと思っているかもしれません。

ジューサーが欲しいという人は、健康な自分になりたい人かもしれません。

そう、あなたの欲しいものが「あなたらしさ」や「あなたが求めている理想」を

教えてくれるのです。ですから、「物欲＝悪いもの」と否定せず、思い付くままに書いてみましょう。

そして、新たな付箋紙に「カッコよく仕事をしている」「家事がきちんとできている」「健康になっている」と書き込みましょう。これで3つの願い事が6つの願い事に増えました。

目に見えやすい「欲しいもの」は、目に見えにくい「理想の自分」の姿を教えてくれるのです。

これまで「理想の自分」をなかなか思い描けなかった人も、付箋紙を使うことで望む姿が見えてきます。

さらに欲しいものを文字にして書いておくと、不思議なくらい、それらが引き寄せられるようになります。

オークションに出品されているのを落札できたり、通りがかりのお店で安くなっているのを発見できたり、知人から譲ってもらえたり。

これらはすべて、私のもとに寄せられた体験談、本当に起こったことです。

ある人は、23万円のシャネルのバッグが欲しいと思っていたのですが、さすがに高くて買えずにいたそうです。

そこで、「シャネルのバッグ（9万円くらいで手に入るといいな）」と書いておいたところ、知人からセールのお誘いがあって、9万円で購入できたのだとか！

「魔法じゃあるまいし、そんなこと起こるはずがない」

このように思うでしょうか？　その通り、これは魔法ではありません。

「シャネルのバッグ」と、欲しいものを改めて文字にして書くと、自然と「シャネルのバッグ」に意識が向くようになります。

値段を調べたり、どのお店に置いてあるかチェックしたり。友人との会話の中にも出る機会が増えるかもしれません。

そうしているうちに、「シャネルのバッグ」に関する情報がたくさん入ってきて、今までは高嶺《たかね》の花だったバッグを、不思議な経過で手に入れるチャンスが増えるのです。

欲しいものを考え始めると、際限なく出てきてしまうかもしれませんが、ここでは「1年以内に手に入れたいもの」に限定しておきましょう。

「いつか手に入れたいもの」よりも、「今の自分が手にできるもの」。

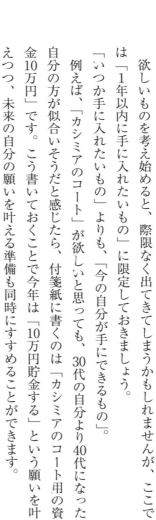

例えば、「カシミアのコート」が欲しいと思っても、30代の自分より40代になった自分の方が似合いそうだと感じたら、付箋紙に書くのは「カシミアのコート用の資金10万円」です。こう書いておくことで今年は「10万円貯金する」という願いを叶えつつ、未来の自分の願いを叶える準備も同時にすすめることができます。

欲しいものが思い付かない人へ

欲しいものがいっぱい！　という人がいる一方で、欲しいものが思い付かないという人もいるでしょう。シンプルに暮らしたいから持ち物は少なく、という思想に

基づいているのならそれでも問題はありませんが、欲しいものがない、という人は、出先やインターネット上で目についたものを思い付きで買ってしまう傾向があるかもしれません。衝動買いをして後悔することをこれ以上繰り返さないためにも、欲しいものを書き出す必要があります。

欲しいものを書く手が止まった人は、以下のキーワードについて、それぞれ欲しいものを考えてみてください。

- **健康グッズ**（マッサージ機・アロマディフューザー・腹筋マシーンなど）
- **洋服**（トップス・ボトムス・Tシャツ・シャツ・スカート・インナーなど）
- **アクセサリー**（ネックレス・ピアス・イヤリング・バングル・時計など）
- **バッグ**（仕事用・遊び用・改まったお出かけ用・習い事用など）
- **靴**（パンプス・ミュール・スニーカー・レインシューズ・ブーツなど）
- **本**（好きな漫画全巻・画集・図鑑・旅本シリーズなど）
- **CD**（クラシック・ロック・ジャズ・ヒーリングなどの音楽など）
- **DVD**（好きな映画俳優・女優シリーズ・好きな映画監督・大自然の映像など）

・**家具**（収納グッズ・1人掛けのチェア・リラックス用のソファなど）
・**キッチン用品**（銀のカトラリー・上等なお箸・ご飯が美味しく炊ける土鍋など）
・**インテリア**（カーテン・クッションカバー・ベッドカバー・間接照明など）
・**趣味に関するもの**（必要な道具や素材など）
・**家電**（ジューサー・ミキサー・パン焼き器・お風呂用ＴＶなど）
・**美容用品**（スチーマー・イオン導入器など）

このようにキーワードをながめて考えると、「そういえば、あれが欲しかったんだった」と、忘れていた願い事を思い出せます。

もちろん無理に欲しいものを見つける必要はありません。

「洋服」と「アクセサリー」だけ、「趣味に関するもの」だけなど、いずれかのカテゴリ限定でＯＫです。

これだけで、願い事の付箋紙はかなり埋められてきたはずです。

やりたいことについて考えてみよう

続いて、②やりたいことについて考えてみましょう。

実は、「やりたいこと」に関する願いは、大きく2種類に分けられます。

ひとつは**「リベンジしたいこと」**。そしてもうひとつは**「未体験のこと」**です。

- **ずっとやりたかったけれど、できなかったこと**
- **一度挫折してしまったけれど、またやってみたいこと**
- **今度こそ、成功させたいこと**

これらは、今まで望む通りにできなかったけれど、今度こそ「リベンジしたいこと」だと言えるでしょう。

例えば、「小さい頃に習っていたピアノを、大人になってからもう一度やりたい」とか、「何度も途中で挫折したダイエットを成功させたい」とか、「以前、悪天候であきらめたスキューバダイビングに挑戦してみたい」などが当てはまります。

また、次のように「もう一度」という願いも「リベンジ」に含まれます。

- **もう一度食べてみたいもの**
- **もう一度行ってみたい場所**
- **もう一度やりたいこと**

例えば、「北海道のウニをもう一度食べたい」とか、「新婚旅行で行ったイタリアにもう一度行きたい」といった内容が当てはまるでしょう。

まずは「リベンジ」というテーマで、やりたいことを考えてみてください。

なぜリベンジして叶えたいことを考えてもらうかというと、**願いは誰にでも叶えられる**ということに気付いてもらいたいからです。

もしあなたがそのことを信じられないのだとしたら、「子どもの頃叶えられなかった」という経験をリセットする必要があります。自分が子どもの頃に叶えたかった願いを思い出して、叶えてみてください。

あの頃は幼くて叶えることが難しかったけれど、大人になった今なら、叶えることができる願いがあるはず。そのことに気付かず、「願いは叶わないもの」という思

い込みが、今のあなたを支配しているかもしれません。
どんなに小さな願い事でも構いません。
大人になった自分は願いを叶えられるようになっているんだということ、実現する力があるのだと知ってください。叶ったことが実感できると、「願いなんて叶わない」という不要な思いがリセットされます。

例えば、私はこんな風に子どもの頃の願い事を叶えてみました。

その願いは、童話「ヘンデルとグレーテル」に登場するお菓子の家を食べること。

子供の頃、絵本に描かれたお菓子の家を見るたびに、「食べてみたいな〜」と思っていました。

さすがに、実物大で作ることは難しいけれど、小さいサイズの家を作れるキットをスーパーマーケットで見かけ、奮発して購入。チョコレートの屋根、ビスケットの壁、デコペンで飾り付け……。

作っているときは、仕事がうまくいっているときとも、仲良しの友達と楽しい時間を過ごしているのとも違う、なんともいえないワクワクな気持ち。そしてできあがった瞬間は「子どもの頃の願いが叶った！」と満たされた気持ちになれました。子どもの頃は屋根も壁も全部食べたい！　と思っていましたが、自分で願いを叶えてみると庭の飛び石に見立てたマーブルチョコをひとつつまんだだけで、大満足でした。

ワークショップの参加者には、こんな願いを叶えた人もいます。

子どもの頃、家で夏に親が作ってくれるカルピスの味がとても薄かったそうです。その味が普通だと思っていたので、長い間気付かなかったのですが、外食をしたときにレストランで飲んだカルピスの濃さと美味しさにびっくり！

でも、あいかわらず家では「もったいないから、甘すぎるから」と薄いカルピスしか作ってもらえなかったのだとか。

「夢を叶えるワークショップ」で、「自分で叶えられる願いはどんどん自分で叶えていく習慣を付けるのが、夢を叶えるコツ」と聞いた彼女は、帰り道にさっそく自分のお金でカルピスを買って、濃い目のカルピスを作って飲んでみたそうです。グラスが空になった瞬間、彼女は「子どもの頃と今の自分は違う！　自分の力で願いは叶えられる！」という長い間の思い込みから解放され、間もなく会社を独立して事業をスタートするという本当の願いを叶えました。

「ケーキをホールで丸ごと食べる」とか、「思う存分に夜更かしをする」とか、子どもの頃はできなかったけれど、今の自分なら簡単にできることは、意外とたくさんあるはず。

そんな小さな願いを思い出し、叶えていくことで、願いがどんどん叶う人になれるのです。

未体験の「やってみたいこと」は何？

続いて考えてもらいたいのは、**まだ体験・経験したことのない「やってみたいこと」**です。これも、②のやりたいことに含まれます。

これは、大きく7つのカテゴリに分けて考えてみましょう。

・行きたいところ
・参加したいイベント
・旅行先
・スポーツ
・習い事
・勉強
・食べたいもの

美術館、博物館、ギャラリー、公園、動物園、水族館。一度は訪れてみたい場所、ありませんか？

音楽フェス、趣味の発表会、有名店のセール、季節の催しもの。毎年チェックはしているものの、タイミングが合わなくて参加できていないイベントはありませんか？

一度は旅行をしてみたい場所、ありませんか？

スポーツや習い事で、体験してみたいことはありませんか？

英会話や資格取得など、「できたらいいなぁ」とぼんやり思っていることはありませんか？

高級フルーツ、限定のお菓子、料亭の懐石料理。いつかは食べてみたいと思っているものはありませんか？

思い付く限り、付箋紙に緑のペンで書いていきましょう。

書き出すことで情報を引き寄せるアンテナが立って、「いつの間にか叶っていた！」という、うれしい叶い方をする確率が高まります。

以下に願い事を考えるヒントのキーワードを載せますので、ピンとくるものが見つかれば付箋紙に書いて活用してみてくださいね。

・スポーツ　スポーツ観戦、ウォーキング、ランニング、サイクリング、ツーリング、ヨガ、ダンス、乗馬、ゴルフ、ダイビング、シュノーケリング、サーフィン、ジェットスキー、水泳、テニス、フットサル、サッカー、卓球、スカッシュ、カヌー

・**趣味**　ハイキング、ドライブ、キャンプ、ＢＢＱ、森林浴、バードウオッチング、登山、カメラ、和裁、手芸、茶道、華道、ＤＩＹ、ガーデニング、料理教室、お菓子作り、観劇、パズル、俳句、短歌
・**芸術**　水彩画、油絵、色鉛筆画、パステル画、絵手紙、書道、彫刻
・**音楽・楽器**　ピアノ、オカリナ、ハーモニカ、ギター、エレクトーン、カラオケ、演歌、歌謡曲、Ｊポップ、クラシック、ジャズ、ロック、ソウル、カントリー、ワールドミュージック
・**学習に関すること**　ペン字、手話、ＰＣ、心理学、色彩学、介護
・**資格各種**

また、以下の項目を立てたリストを作ると、１年がとても充実したものになります。

・**見たい映画（ＤＶＤ）のタイトル**　好きな俳優・女優が出演している映画や一度は見ておきたい洋画・邦画の名作などを書き出しておくと、映画のタイトルなどの記憶が鮮明になるため、上映や放映、ＤＶＤ化の情報などが入ってきやすくなり

ます。

・**読みたい本**　長編小説や長く続くシリーズ、漫画なども書いておいて、少しずつ読み進めれば長年の願いが叶います。

・**行ってみたい場所（温泉・城・遺跡・島・山・流行の場所・お店）**　テレビや雑誌で見たり、人から話を聞いて気になっているけれど、いつもそのまま……という人はリストを作っておきましょう。どこに行こうか迷ったときに大活躍してくれるリストです。

・**食べたいもの**　流行のお店のあのスイーツ、有名なお店のあの逸品、家族や親戚の自慢の定番手料理、手土産にもらって感動した特産品。未知の食べたいもの、もう一度食べたいものを書いておけば、「あれ、どこのなんだっけ」がなくなります。

他人に関する願いと、誰かを幸せにする願い

ここまでは、自分だけを幸せにする願いについて考えてきました。

最後に、自分はもちろんですが、自分だけではなく他の誰かも幸せにできる願いについて考えてみましょう。


まず考えてもらいたいのは、家族に関する願いです。

家族とは関係が密なせいか、両親との関係性に悩んでいたり、知らず知らずのうちに両親の影響によって人生を左右されてしまっている人も多いようです。

そのような人は、以下のように完了形で願いましょう。

・自分の目で物事を見られるようになれた（親の目、他人の視線からの卒業）
・両親との関係がほど良くなった
こう書くことで「自分の目で見る」とはどんなことなのか、「ほど良い関係とはどんな関係か」について具体的に考えるきっかけとなります。


続いては、友人、知人、職場の同僚など、他人に関する願いです。

◯◯の箇所には、固有名詞を当てはめてください。

・◯◯さんとうまく付き合えるようになった

例えば、仕事を終えてすぐ帰りたいのに、そのあともずっと一緒にいなきゃいけないような職場で、うまくやっていきたい。

あまり自分が好まない話題になったとき、上手にかわしたい。

好きになることはできないけれど、接することが苦ではない関係性になりたい。

このように感じている人は、「こういう接し方ができて、うまく付き合えるようになった」という書き方をしましょう。

・自分にも相手にもプラスになる会話ができるようになった
・◯◯さんと自分の境界を守ることができるようになった
・（人や物事に対して）自信をもって主張できるようになった
・◯◯さんと会話することが平気になった
・◯◯さんの意見に耳を傾ける余裕が持てている
・◯◯さんを尊重する言動ができるようになった

・他人を信用することができるようになった
・自分には他人に与えることのできるもの（具体的に）が十分にあると気付いた
・〇〇さんに喜ばれる贈り物（有形無形の）ができた

誰かに喜ばれる贈り物、これは形がある物でも、ない物でもいいのです。
相手が受け取ることで、自分も幸せな気分になれることが大切です。

なぜ、他人を幸せにする願い事をする必要があるのか、それは人間は誰か他の人との関係性の中で存在しているからです。「自分も周りの人もみんな幸せ」だと幸せが循環しはじめます。

さあ、あなたの願いはいくつありましたか？

章の冒頭で「1年で叶える願い事の数は100個」と言いましたが、あなたの願いはいくつになったでしょうか？

１００個ありましたか?

それとも、少なかったですか?

実は願い事は１００個より多くても少なくても大丈夫。

それはなぜかと言えば、１００という数字が「たくさんあることの例え」だからです。

「スズメ１００まで踊り忘れず」という言葉があります。これは、幼い頃に覚えたこと、やったことは１００歳になっても忘れない、という意味です。

また、日本の歳祝いである白寿は99歳のお祝いですが、これは漢字の白＝百の横棒を引いたもの。１００引く1は99ということからきています。

１００に満たなくても、99ならほぼ１００とカウントしていい、という意味も含んでいます。

童謡の「1年生になったら」でも、「友達１００人できるかな」と歌っていますよね。

これも、実際に１００人友達を作ろう、ということではなくて「友達をたくさん作ろう」という意味です。

1年は３６５日。
そのうち、約３分の１の１００日が「願いが叶った日」だったら、とても幸せだと思いませんか?
「今日は叶わなかったけれど、明日か明後日は叶うはず」と思えたら、毎日をワクワクな気持ちで過ごせそうです。

この本を読むことで、自分の中に他人とは違う願いや、幸せの形があると気付くことができたり、他人と比べなくても幸せに感じるようになったりして欲しい。

人と比べて焦ったり、年齢を基準にして考えて焦ったり、卑下したりせず、いつまでもワクワクする気持ちを持ち続けて欲しい。

そのためにも、小さな願いを日々叶えていって欲しいのです。

私たちは、大人になると色々なことをあきらめ始めます。

でも、日々の中で小さな１００個の願いをちょっとずつ叶えていくことで、希望を明日につなげることができます。

また逆に、ずっとこだわっていたことを書き出して整理することで、それを簡単に手放すことができて、長年のとらわれからの卒業ができることもあります。

叶える必要がないことに気付いて手放すことができ、気持ちがスッと楽になる、そんなこともきっとあるはずです。

願いを叶える過程で、本当の自分自身に出会えること。

これが１００個の願いを書き出した人全員にもたらされる特典、「幸せ」なのです。

第４章
１年で100個の
小さな願いを叶える

季節ごとに願いを叶える

第3章では、付箋紙に願い事を書き出すワークを紹介しました。

このワークだけでも十分な効果は得られますが、ここからは応用編として、ノートを使うことで叶える効果をさらに高める方法をお話していきます。

自分自身の手でノートに書き込んでいくと「自分が願いに向かって行動している」という認識が起こります。

そして、ふつう、めったに行わない願い事の二度書き、三度書きという作業をすることで願いへの思いが強くなるため、効果がアップするのです。

一度書くだけでは記憶が定着しづらいのですが、ノートへ書くときに言葉を書き足したり、カスタマイズしたりすることで、より叶いやすくなってきます。

新しく専用のノートを用意してもいいし、手帳のノートページを活用してもいいですね。

また、「1年で100個」という数は、人によっては多いと感じるかもしれません。

しかし、これを四季に当てはめて割り振ってみると、1つの季節で25個。

これなら叶えられそうな気がしてきませんか？

数が多いとひるんでしまいますが、小分けにすると抵抗感が少なくなります。

「1年間の願い事リスト」に、願い事の種をまこう

これからノートを4分割して春夏秋冬を振り分け、「1年間の願い事リスト」を作る作業をしていきます。

その前に大事なことをお話しします。

それは**「季節や暦は左回り」**だということ。


地球は太陽の周りを左回りで回っています。

北半球の日本に四季があるのは、地球の地軸が少し傾いているから。

つまり、太陽との位置関係によって太陽光の当たる量が変わるので、春夏秋冬という4つの季節が生まれるというわけです。

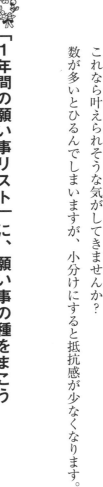

それでは、みなさんは「春はいつから？」と聞かれたらなんと答えますか？
別に季節はいつから始まっていつから終わる、なんて明確な決まりはないはずだから……と多くの人は、「桜が咲く頃」「卒業式や入学式の頃」と感覚で答えると思います。

確かに日差しが暖かさを増して、花がほころんでくる時期は「春っぽい」かもしれませんが、正解ではありません。

暦の上では、2月4日の立春から5月4日（5月5日・立夏の前日）までの約90日間を「春」とするという決まりがあるのです。

同様に、夏・秋・冬も、**夏は立夏から立秋（8月7日前後）の前日まで。秋は立秋から立冬（11月7日前後）の前日まで。冬は立冬から立春（2月4日）の前日まで**であり、それぞれの季節は約90日間と決まっているのです。

5月のゴールデンウイークになると急に気温が高くなって、半袖姿の人を見かけるようになりますが、暦の上では5月5日からは「夏」。

実際、いつからが夏かという暦の知識はなくても、私たちはこのように自然と季節の到来を感じて生活しているものなのです。

１年で１００個の願いを叶えようとするとき、この四季を明確にイメージできるかどうかはとても大切なことです。

何月何日までに叶えたい！　という日付までが具体的な願いは、資格試験の日や大きな仕事の締切日くらいなもので、ほとんどの願い事は「夏までに3kg痩せて海に行きたい」とか「冬には温泉旅行に行きたい」というような、季節と関連付けたイメージで思い浮かぶはずです。

そうだとしたら、その夏はいつからいつまでなのか、冬はいつからいつまでなのかを知っておいて損はありません。

今まで、「夏はお盆休みあたりから」となんとなく考えていた人も、夏が5月5日からだと知ったら、痩せるための願い事（準備）も今までよりも早めなくてはいけなくなりますが、準備をするのに早すぎるはありません。

早め早めに物事に取り掛かっておけば、ゆっくりと願いが叶えられるのを待つだ

けです。

今日注文した商品が明日には届く、という便利な世の中にはなりましたが、それを受け取る私たち人間のしくみ自体はそれほど進化はしていません。

「痩せたい」と願っても、願いという意志が身体に影響するまでは、ある一定の時間が必要です。また、春から夏にかけては代謝が上がり、秋から冬にかけては食欲が増し、脂肪を蓄えるという機能が働くことに逆らうのは難しいのです。

このように、自分の願い事も暦・季節という「自然との調和」を意識して願っていくことで叶う確率はぐんとアップします。

また、季節は日照時間、太陽のエネルギーとも深い関わりがあります。

四季でいえば、春から夏になるとだんだん日が長くなり、秋から冬になると日が短くなるので活動量が少なくなっていきます。

秋くらいになると、早く家に帰りたくなったりしますよね。

エネルギーがたくさんあるのが春と夏で、秋や冬にかけてはそれがだんだん少なくなり、また暖かい季節が来るまでエネルギーを温存する。

それは生き物すべてに共通する自然の摂理。人間は自然の中で生きているので、自然に沿って進んだ方が物事がうまくいくことも多いのです。

もうひとつ例をあげると、作物の旬もそうです。

「トウモロコシは夏に食べたい」「冬にトマトを食べる気分にならない」など、旬を意識した食材選びをすると、心も身体も喜ぶのがわかります。

実際に旬のものは、1年の中で最も栄養価が高いことがよく知られています。

このように季節の中で生きていると実感しながら生活していると、無理をしなくなり、物事を気楽に捉えられるようになってきます。

ぜひ普段から、季節や暦を意識しながら生活してみてください。

これまで願ったことが叶わなかったのは、「自然と調和」する意識が抜けていたからだ、と納得できるはずです。

では、さっそくノートのワークを始めましょう。

ノートを用意して、見開きを4分割します。
4分割したスペースを、右下が春、右上が夏、左上が秋、左下が冬として、それぞれのスペースの四隅に季節名を書き込みます。
これは、さきほどお話したように、「季節や暦は左回り」だからです。
これで**「1年間の願い事リスト」**ができあがりました。

次は、願いの種まきの作業です。

第3章で願い事を書いた付箋紙を用意し、それを春夏秋冬、どの季節に叶えたいか、振り分けていきます。

付箋紙をながめて「この願いはこの季節に叶うのがピッタリだな」と想像をふくらませながら、「1年間の願い事リスト」の上に付箋紙を振り分けていきます。

どこに振り分けるか悩む願い事も出てくると思うのですが、そういった場合は、実際の日程と兼ね合いを考えて、最後は直感で。

どうしても季節を特定できないのものは、真ん中に置きましょう。

ひとつの季節に25枚以上の付箋紙が置かれても問題ありません。

もしかすると、春や夏に多めに置いた人も多いかもしれません。

前述した通り、春や夏は日が長く、体力もあるので、やりたいことがたくさんあっても、比較的無理なくできるためです。

ですから、ここは直感に従って大丈夫です。


春・夏・秋・冬の季節が特定できなかった願い事、つまり、真ん中に置かれた付箋紙はいわば、季節に関係なく叶ってうれしい願い事です。

これらの付箋紙は「1年間の願い事リスト」の次のページを使って整理しましょう。


季節ごとの願い事と同じように、1～25までの番号を書き込んで、ひとつひとつの願い事を丁寧に書き写していきます。

書き写すのが面倒だという人は、付箋紙を貼り直すだけでもOKです。

手書きで書くことでさらに気持ちを文字に込めることができるので、時間のあるときに一枚ずつでも清書することをおすすめします。

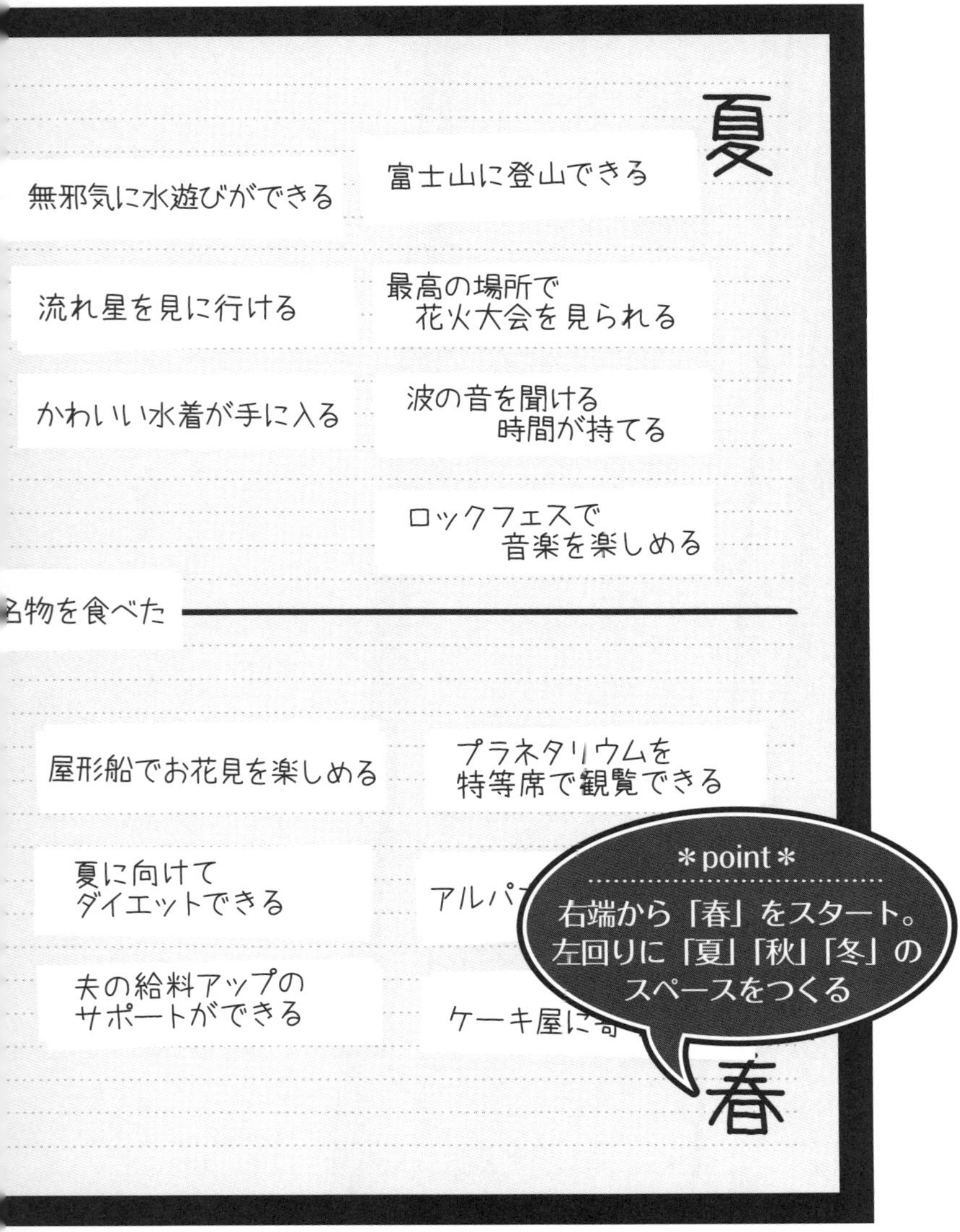
夏
富士山に登山できる
無邪気に水遊びができる
最高の場所で
花火大会を見られる
流れ星を見に行ける
波の音を聞ける
時間が持てる
かわいい水着が手に入る
ロックフェスで
音楽を楽しめる
名物を食べた
プラネタリウムを
特等席で観覧できる
屋形船でお花見を楽しめる
アルパ
夏に向けて
ダイエットできる
ケーキ屋に
夫の給料アップの
サポートができる
春
＊point＊
右端から「春」をスタート。
左回りに「夏」「秋」「冬」の
スペースをつくる

「1年間の願い事リスト」に願いの種まきをしよう

秋

思う存分本を読める

紅葉狩りに行ける

資格試験に合格できる

果物狩りに行ける

＊point＊

どうしても季節を限定できないものは真ん中に置いておく

日本全国の

素敵な思い出になるクリスマスを過ごせる

おせち料理を手作りできる

家族で温泉に行ける

大掃除でスッキリきれいな部屋にできる

満足のいく年賀状をデザインできる

冬

こうして付箋紙から願い事をひとつひとつ書き写していく作業をしてみると、ふと「これは別に来年でもいいな」と思える願い事が出てくることもあるでしょう。

願い事はなんでも早く叶ったらいいかといえばそうではなく、ちょうどいい時期にちょうどいいタイミングで叶ってくれるのがいちばん幸せを感じられるものです。「ぜひ今年中に！」という願い事でないなら、また手帳のページをめくって、「来年以降に叶って欲しい願い事」というタイトルを書き込んで、付箋紙を貼り付け、新しい手帳に切り替えるまでの仮置き場にしておきましょう。

年末に新しい手帳を選んだら、「1年間の願い事リスト」に書いた願い事の中で、まだ叶っていないものや継続したい願い事を書き写します。このとき仮置きした付箋紙に書いた願い事も書き加えるようにすれば、願っていたけれどいつの間にか忘れてしまった、という残念な事態を防ぐことができます。

新しい年がきたら気持ちが一新され、自分が付箋紙に書いた願い事に強い思いが持てなくなることもあるでしょう。**それはその願い事から卒業できるとき。**

いらなくなった願い事は文字の上から二本線を引いて㊛マークを書き込み、ひと目で卒業したことがわかるようにしておきましょう。

願い事から卒業できるということは、幸せに満たされ始めている証拠です。感謝の気持ちを込めてこの作業を行ってくださいね。

四季ごとに叶える「季節の願い事リスト」

ここまでの工程が終わったら、次はいよいよ**「季節の願い事リスト」**。さきほどまいた種をぴったりの季節に移して育てていきましょう。

見開きをひとつの季節として全部で4見開き。春の見開き、夏の見開き……という風に、見開きを作っていきます。

まず、タイトルとして**「季節の願い事リスト（春）」**と書き込んでください。

ここでは例として、春の願い事が25個あったとして、説明していきます。

タイトルの下に、自分の希望である**「HOPE（願い）」**、それから**「TO DO（や**

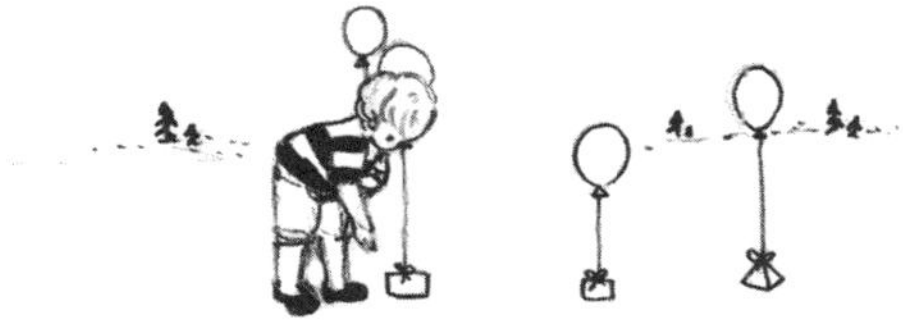

ること）」と書き入れます。

そして左端に1から25までの数字を振れば**「季節の願い事リスト（春）」**の完成です。

見開きの右ページのスペースには、偶然叶った願いや、左ページに書いた願い事に関する**「シンクロニシティ」**を書き入れます。

「シンクロニシティ」とは「偶然」のこと。

願いに関する情報が入ってきたり、叶いそうなきっかけが起こったときに、出来事を書くスペースをもうけておきましょう。

すると、大きな願いだったとしても、近付いている予感が「見える化」できたり、「当初願ったこと以外も、叶っていることがある！」とわかったりします。

それができたら、春の25個の願い事を書いた付箋紙を、1～25まで並べていきます。順番は思い付きでも叶って欲しい順でもかまいません。

25枚の付箋紙を並び終えたら、願い事をノートに「清書」していきます。書き足したいことが出てきたら、どんどん書き足してください。

特にその際トッピングワードや、固有名詞、数字、状況などをできるだけ詳細にしておきましょう。

トッピングワードというのは、「楽に」「楽しく」「すいすい」「ハッピーに」「格安で」「無料で」などのポジティブな言葉のこと。

願い事にこれを付けておくと、「願いが叶ったけどすごく大変だった」とか「入手はできたけど予算を超えた金額だった」といった予期しない叶い方を防げます。

もしその願い事において「無料で」が信じられない場合は、「格安で」に置き換えるなど、信じられる方の言葉を記入するといいでしょう。

コツは「望みが叶った状態を完了形で書く」こと

「願い事リスト」のコツは、付箋紙から清書する際、望みが叶った状態を完了形で書くこと。

シンクロニシティ

2/17 ○○ちゃんからお花見のお誘いを受けた

1/13 雑貨屋さんでふわふわの……が目に入った
2/26 近所のケーキ……

＊point＊
願いに関する情報が入ってきたり、
叶いそうなきっかけが起こったら
そのことを書く

母と散歩できる

長命寺の桜餅を
食べられる

お気に入りのカフェを
見つけられる

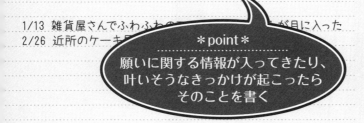

「季節の願い事リスト」を作ろう！

季節の願い事リスト（春）

HOPE　　　　TO DO

1 屋形船でお花見を楽しめる
2 夏に向けてスムーズに
ダイエットが成功した
3 夫の給料アップのサポートが
できた
4 大迫力のプラネタリウムで
星に親しんだ
5 アルパカと触れ合 て癒
6 ケーキを格安でホー
7
8
9
10
11
12
13
14
15
16
17
18
19
20
21
22
23
24
25

＊point＊
カードに書いた願い事に、
トッピングワード（楽に、楽しく、
すいすい、ハッピーに、格安で、
無料で、etc...）を
追加しながら書き写す

屋形船でお花見を楽しめる

夏に向けて
ダイエットできる

夫の給料アップの
サポートができる

プラネタリウムを
特等席で観覧できる

アルパカと触れ合って
癒される

ケーキ屋に寄り道できる

願い事を完了形＆肯定系にすると、願い事が叶いやすくなるためです。

逆に、マイナス表現や「〜しない」といった言葉を使うと、頭の中で「マイナスになった状態」が刷り込まれてしまうため、願い事が叶いにくくなってしまいます。

例えば「散らかさない」というと、とても散らかった部屋が頭に浮かびませんか？

人は、イメージした状態を無意識のうちに現実化する傾向があります。

そのため、できるだけマイナスのイメージを頭に浮かべないような言葉を使うことが大事なのです。

また、多くの人が、自分にとってハードルの高いことほど、プラス表現をするのが難しいと感じているようです。

例えば「ダイエットする」のように、語尾を「〜する」と書いてしまう人がよくいますが、「〜する」は完了形ではなく意志形。

これだと「体重が落ちている状態」ではなくて、「ダイエットしているという状態」を願っていることになってしまいます。

この場合は、「ダイエットに成功した」と書いた方が、叶いやすくなります。

考え・行動・結果を一致させる

今まで多くの受講生を見てきた経験上、まじめな人ほど願い事が「TO DO」、つまり「～する」という書き方になる傾向があると感じました。

「全部自力でやらないと実現しない」という思い込みが強いのかもしれませんね。

例えば、「無駄遣いしない」という言葉を、プラスの表現にしてみてください。

さあ、どのようになるでしょうか？

「この表現以外に何があるの……？」とフリーズしてしまいましたか？

「お金を大切に使う」はどうでしょうか？

一見すると良さそうですが、手帳セラピーでは△。

なぜなら「大切に使う」ということは「お金を使うことが前提」になってしまっているからです。

使えば当然なくなるわけで、手元には残りづらくなります。「手元に置きたい」「貯めたい」というのと「使う」というのはまるで違うことですね。

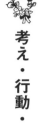

以上のことから、この場合は「お金を大切にしている」もしくは「お金を大切にできている」と書くのがいいでしょう。


自分の考えていること、行動、そして結果。

この3つを一致させることで、思い通りの現実につながっていきます。

言葉を手で書くことは、無意識の自分に気付きを与えてくれます。

ですから、みなさんにはぜひ「願い事の付箋紙」から一歩踏み込んで、ノートに書くワークまで進んでもらいたいと思います。

願い事は「自分主体」で書く

願い事を書くときに、もうひとつ気を付けて欲しいことがあります。

それは**「自分主体で書く」**ということです。

願い事の中には、自分の願いだけではなく、家族や友人などの「他人のための願い事」をする場合もありますね。そういった願い事も、「誰かが何かをしてくれる」という相手まかせの願い事ではなく、自分主体の書き方で書いていきます。

例えば、「夫の給料が700万円になる」という願い事。

これは、このままだと「叶いにくい書き方」だということがわかりますか？

なぜなら、夫が主体の書き方になっているためです。

ではこれを、自分主体で書き換えてみてください。なかには「700万円は無理そうなので、500万円にします」と、金額を下げて書こうとする人がいるかもしれませんが、「自分主体」とは金額の問題ではありません。

叶えたい願いに対して、自分がどのような行動をするかを考えて書いてください。

ここでの模範解答は「夫の給料が700万円になる、適切なサポートができた（できる）」。

実際にお給料をもらってくるのは夫なので、夫に対して自分がすべきことを書けばいいのです。

もうひとつ例をあげましょう。

子どもが受験を控えていて、有名大学を狙っているとします。

この場合、「子どもが有名大学に入学できた」は、子どもが主体の書き方ですからNGですね。

正解は、「子どもが希望する大学に入れるよう、適切にサポートできた」です。

有名大学に入るのは子どもですから、受験勉強するのも、実際に試験を受けるのも子ども。

自分で何もできないことをお願いするのではなく、お母さんは自分ができることをお願いすることが大切です。


私が提唱している手帳セラピーは、自分のことを大事にする手帳術です。

手帳と向き合う時間は自分の時間。

そうは言っても、家族のことになるとどうしても自分のことのようになってしまい、分けて考えることができない人も多いかもしれません。

「家族も自分も幸せになること」を願っていても、自分の考えが家族の考え、と思い込んでいて家族が本当に願っていることを知らない、なんてことも。

本書の「願い事を叶える」ワークを家族みんなで行って、それぞれの気持ちを聞くのもいいかもしれませんね。

「あわよくば」「ちゃっかり」で願い事が叶う？

願い事は、自分主体の表現になっていれば、受動態表現もＯＫです。
例えば、

・仲良しの友人主催のティーパーティに招かれ、楽しく過ごした
・○○さんの別荘のバーベキューに呼んでもらえて、最高の夏の1日になった
・資格をいかせる会社（仕事）に見つけてもらえて、高給で就職した

このように、「見つけてもらえる」「～に呼んでもらえる」「～に招かれる」と書くと、叶ったときの気持ちをイメージしやすくなって、なんだかワクワクしてきませんか？

自分の力だけでは難しいことも、このような受動表現で書くことで叶いやすくなります。３つ目の例では、素直に自分主体で書くと、「就職した」「転職した」ですが「見つけてもらえて」という言葉を入れて受動態にしています。

みなさんも自分で一生懸命探しているときは見つからなかったけれど、人に見つけてもらったり誘われたことがきっかけで、いい結果を手にできた、という経験はありませんか？

誰もがみんな探しもの上手だとは限りません。

だからこそ、「自分で一生懸命探しても見つからなかったら、誰かに見つけてもらおう」くらいの気持ちも時には必要です。

自然に委ねる、と言い換えてもいいと思います。

遠慮せず「見つけてもらう自分でいる」ことを楽しんでください。

願う→一歩を踏み出す→叶う！　のサイクルをつくる

ここまでは、ノートの左ページの左側に願い事をリストアップしてきました。

ここからは、左ページの右側の書き方の説明です。25個の願い事に対応させて、25個のTO DOの欄を作りましょう。

そして、TO DO（やること）を設定した方が叶いやすそうな願いについては、やることを具体的にしたり数値化したりして、チェックボックスを付けて書き出していきます。

例えば、「屋形船でお花見を楽しめる」という願い事があるとします。

これを実現させたいと思った場合、まずは屋形船の運行日程をチェックしなければいけません。中込方法なども知っておく必要がありますよね。これらを、「□運行日程と申し込み方法をチェック」というように、TO DOを書いておきます。

「どうして願い事なのに、自分がやるTO DOを書くの？」と思う人もいるかもしれません。

それは、多くの人は願い事に対して「本当に叶うのかな？」と疑いがちだからです。でも、自分でちょっと行動してみるだけで、「自分は願い事を受け取る資格があるんだ」と思えるようになり、叶うことに対する疑いが薄くなります。願いが叶うことを信じられる自分になることも、とても大切なことなのです。

また、TO DOを書くことで、「願い事について、考えたり調べたりしています。何もしないで受け取ろうとしているズルい自分じゃないですよ」と自分自身に意思表明をしているともいえます。

こうして、自分の中の受け取り拒否を解除するだけで、願い事はグッと叶いやすくなります。

もちろんTO DOが思い付かなくても問題ありません。

思い付かなければ、無理に設定せずにそのまま空欄にしておいてください。

その空欄は、**「願いを叶えるために不足している何か」**を気付かせてくれるきっかけになるかもしれません。

なかなか叶わない願いだったり、叶ったとしても、その後どうしたらいいかわからないことだったり、願うだけ願ってみたものの、叶ったときにあなたが戸惑ってしまうような願い事は、大抵叶いません。

ですから、空欄は気付きを得るための目印と捉えてください。

願いが叶う前兆を感じたら

ノートに書き写した願いが叶う前兆を感じたら、緑の蛍光ペンで願い事の下に線を引きましょう。

下線を引くことで「叶いつつある」という実感が持てるようになり、より叶いやすくなります。

そして叶った場合は、緑の蛍光ペンで願い事を全部塗りつぶし、黒いペンで叶った日付を書き入れます。

なぜ黒いペンを使うのかというと、緑のペンとの違いを目立たせるためです。

日付を記入することで、願ってから叶うまでの日数がわかりやすくなり、叶いやすい願いや、時間がかかる願いが見えてくるという利点もあります。

これが見えるようになっていれば、叶うのに時間がかかる願いに対しても、落ち着いて待つことができるでしょう。

例えば、「物に関する願い事はすぐに叶っているけれど、恋愛系の願い事は叶うまでに時間がかかるんだな〜。でも、物に関する願い事が叶っているんだから、これもそのうち叶うでしょ」と、気持ちにゆとりを持てるようになるはずです。

毎日、目の前の仕事や雑務をこなすうち、私たちはいつの間にか自分が望んでいること・願っていることを忘れてしまいます。

しかし、こうしてノートに書いておけば、いつでも願いを思い出すことができるのです。

１００個の小さな願いを書いたノートをいつもそばに置いて、ノートを開くたび、願いが叶って幸せいっぱいな自分の姿をイメージしましょう。

自然にイメージができるようになると、どんどん願い事が叶うようになります。

願いが叶う前兆を感じたら／願いが叶ったら

季節の願い事リスト（春）

HOPE	TO DO
1 屋形船でお花見を楽しめる 4/10	☑ 屋形船の運行日程をチェッ
2 夏に向けてスムーズに ダイエットが成功した	☐ 毎日2キロ歩く
3 夫の給料アップのサポートが できた	
4 大迫力のプラネタリウムで 3/4 星に親しんだ	☑ 主要な春の星座を覚える
5 アルパカと触れ合って癒やされた	
6 ケーキを格安でお	
7	
8	
9	
10	
11	
12	
13	
14	
15	
16	
17	
18	
19	
20	
21	
22	
23	
24	
25	

＊point＊

① TO DOは頭に
チェックボックスをつけて書く

② 願いが叶う前兆を感じたら、
緑の蛍光ペンで願い事の下に線を引く

③ 叶ったら緑の蛍光ペンで
願い事を全部塗りつぶし、
黒いペンで叶った日付を書き入れる

第５章
なかなか願いが叶わない という人へ

願い事が叶いにくいと感じたら、手帳を使おう

基本的には、願い事を付箋紙とノートに書き出すだけで、自然と叶う方向に向かっていきます。でも、「何もしなくても叶いますよ」と言われたところで、どうしても信じられない人もいるでしょう。

叶うことが信じられないと、願いは叶いにくくなってしまいます。

ですからここでは、疑い深い人でも叶うと信じられるようになる、手帳を使ったテクニックをご紹介していきます。

第４章では、春夏秋冬の季節ごとに願いを分けるポイントをお伝えしましたが、第５章では毎月１カ月ごとにどんどん願いを叶えていく方法をお話していきます。

毎月、叶えたい願いをマンスリーページに書いておく

まずは、マンスリーページを活用する方法です。

あなたには毎月、その月のはじめに手帳を開いて1カ月のスケジュール全体を見渡してみる習慣はありますか？

用事やイベントがあるときに手帳を開くだけ、という人はぜひ上記のような習慣を実行してみて欲しいのです。

なぜなら、私たちは自分でも気付かないくらい、日々の生活の中で、「今月はこうなったらいいな」「今週はこうなったらいいな」「今日はこうなったらいいな」という小さな願い事をしているからです。

そして、それらの願いは日常生活をスムーズに過ごすためのあまりにもささやかな願い事にすぎないため、叶っても叶わなくてもたいして記憶されずに忘れ去られてしまうことがとても多いのです。

1年で100個の願いが叶う幸せを実感したいなら、こうした日常のささやかな願いこそ拾い上げていくことが大切です。

例えば、年末の12月。手帳をながめると、年末の締めの作業が目白押し。こんな

ときは「12月の締めをスムーズに乗り切れる（といいな）」と、自然と願い事をしているはずです。

また、ぽっかり空いた週末の欄を見て「週末を楽しめる（といいな）」と、具体的なプランまでは考えないにしろ、手帳のそのスペースが自分にとって楽しいことで埋まるのを願うのもよくあることでしょう。

そして、大事な仕事の日、「すんなり契約が取れる（といいな）」と念じて、いつもよりも気合いを入れて先方へ訪問をする……。

これらは、予定の書かれた手帳を開くからこそ浮かんでくる願いです。

春夏秋冬の季節ごとの願いも、実際にその季節のその月が来ると、より具体的な内容へと願い事が成長しているはずです。

冬のスペースに「年間契約件数クリアできる」という願い事を書いた場合、既契約件数が見えてくる12月には「残り5件の契約が取れる」という切実な願いが派生してくるはずです。

その月中に叶えたい！　という時間的制限がある願いこそ、手帳を活用してみましょう。

活用の仕方は、たったワンステップ。**手帳のマンスリーページの余白に、「今月の願い」とタイトルを付けた欄を作るだけです。**

そして、「残り5件の契約が取れる（□A社とB社に再度アプローチ）」という風に、願い事と願い事を叶えるために実行したほうがいいTO DOを書き込みます。

このように、手帳のマンスリーページにその月のうちにどうしても叶って欲しい願い事と、自分で実行できるTO DOを書いておけば、忙しい毎日の中で予定をこなしながらも、一番受け取りたい結果をいつも念頭に置いておくことができます。

月末になって「間に合わない」と焦るのではなく、手帳を活用し、月のはじめに願い事を明確にしておきましょう。

これもワークショップに参加してくれた読者の方の体験談なのですが、「今月の願い事」を始めてから、その人が所属する部署は「奇跡の部署」と呼ばれるようになったそうです。

その会社では毎月末に成績表彰があり、各部署ともに月末ギリギリまで成約件数を伸ばす営業が繰り広げられるのだとか。表彰されると部員全員に3万円の報償が出るので、せっかく頑張るのならご褒美をもらおう、とチームの意識も高く数カ月連続受賞していたのですが、どうしてもあと一歩が伸ばせそうにない、という月があったそうです。

やれることはみんなで協力して全部やっているから、もうできることはないと考えた彼女は、「すんなり報償3万円ゲット！（□連絡を確実に行う）」と手帳に書き込んで、無駄に落ち込むことをやめ、とにかく平常心で仕事に打ち込むことにしました。

締切の時間の1時間前にあきらめムードが漂う部署でも、彼女は焦りを隠して部下に「ひとつひとつの連絡を確実にしてね」と指示を出し、涼しい顔を装って仕事を続けたそうです。

するとタイムリミット20分前に立て続けに契約が決まり、あれよあれよという間に成績トップに躍り出て、報償3万円が確定！

あまりの展開に、部署内には悲鳴が上がり、彼女自身も鳥肌が立ったとか。

その日のねぎらいの飲み会で、なにげなく「いやあ、願い事って書いてみるものですね」と話したところ、みんなの前で手帳を公開することになり、そんなことを書いているのか！　と驚き半分、関心半分、「でもたしかにA子さんが、『連絡を確実に』って言ってくれたおかげで、連絡したクライアントから成約をもらえたからな〜、来月もよろしく！」という話になったそうです。

こんな風に彼女は「今月の願い」が誰かを幸せにする願いでもあったから、ギリギリのところで聞き届けられたのだと思います、と結んでくれました。

「今月の願い」はもちろん、仕事だけでなく、プライベートの願い事を叶えるのにも有効です。以下に1年12カ月ごとのイベントに合わせた例をあげるので、ぜひ参考にしてみてください。

1月

1月の別名は睦月。この月は新月を迎え、老若男女問わずに年明けを祝うために往来し、仲良く集まって睦まじく過ごすことからこの名が付けられました。

1月は、人と仲良く過ごすための人間関係に関する願い事をしてみましょう。
「○○ちゃんと梅まつりを楽しめる」「評価が高いレストランで新年会ができる」

2月

2月の別名は如月。寒さが厳しい時期のため「衣」を「更」に重ねて「着る」月という意味だそうです。日が長くなってくるのを感じられる時期でもあるので、「気」（太陽のエネルギー）がさらに増す月という説もあります。

寒い最中に心が温まるイベントといえば、バレンタインデー。

「○○さんにチョコレートを喜んでもらえる」「自分用に美味しいチョコレートをGETできる（この書き方だと、自分で見つけて購入、誰かからプレゼントしてもらう、の両方の叶い方が望めます）」

3月

3月の別名は弥生。大地の草が出る季節です。**この月は「いよいよ始める」がキーワード。年度末を迎え、新たに始まる年度に向けての準備に関する願い事をし**

てみましょう。

「実りの多い年度末が迎えられる」「早起きがスムーズにできるようになった」「ホワイトデーに素敵なプレゼントをもらえた」「お花見を楽しめる」

4月

4月の別名は卯月。稲の苗を植える月の「植月」から変化したという説がありま す。気温も上昇し、植物も気持ちも上に伸びていこうとする月です。

自分の能力をさらに伸ばしていくお願い事をしてみましょう。

「パソコンの入力が正確でスピードアップする」「職場の席が希望通りになる」「ヨガ教室に週2日通い始めることができる」

5月

5月の別名は皐月。田植えをする月であることから「早苗月」、田植えをする女性を大切にする「早乙女月」の読み方が短くなったという説があります。

ゴールデンウイークもあって、新年度からようやく一息をつくことができる5月

は、女子力を高めるお願いをしてみましょう。
「きれいになれるプチ旅行ができる」「家でゆっくりとお手入れタイムが取れる」「新緑の中を散歩できる」

6月

6月は水無月。田植えが終わり田んぼに水を張る必要が出てくるため、水が無くなるという説と、田植え仕事をすべて終え「皆仕尽《みなしつく》」した月ということからこの名が付いたという説があります。ちょうど梅雨でうっとうしい時期ですが、**1年12カ月の折り返し月ということを念頭に置いた願い事をしてみましょう。**
「ずっと考えていたこと（具体的に）をすんなり行動に移せる」「おしゃれで履きやすいレインシューズをGET」「父の日に素敵なプレゼントができる」「紫陽花を見に行ける」

7月

7月の別名は文月。七夕の短冊に思いを込めて願いを書いたことから付けられた名前です。**暑さが本格的になる時期なので無理は禁物です。ただし、つい暑さにだらけてしまわないように、メリハリを利かせて過ごすためのお願い事をしてみましょう。**

「30分早く通勤できる」「冷房対策のおしゃれなカーディガンGET」「七夕のイベントに参加できる」

8月

8月の別名は葉月。南方からの台風「南風」がくる月、台風で葉が落ちる月、という説があります。**暑さが盛りを迎えるため、体調管理に気を付けたい月です。お盆休みをしっかり取りたい人は事前の準備も必要ですね。**花火や夏祭りに子ども心を取り戻してみると、願いを叶えるワクワクエネルギーが復活します。

「浴衣を着て夏祭りに行ける」「お盆休みに格安で海外旅行に行ける」「花火大会を楽しめる」

9月

9月の別名は長月。少しずつ日暮れが早くなり、秋の夜長を感じられる季節です。残暑をうまく乗り切るためにも、夕方は風に当たってみましょう。クーラーで冷えた身体を自然の温度に戻していくと、寝付きもスムーズになります。

中秋の名月の月でも知られるこの月は、秋に実りを得るためのお願い事をしてみましょう。

「(続けていた)ヨガでスタイルが良くなった」「日本情緒のあるところでお月見ができる」「美味しい月餅が食べられる」

10月

10月の別名は神無月です。日本全国の神社の神様が出雲大社に赴くため、出雲地方以外には神様がいなくなってしまうという言い伝えから付けられた名前です。出雲大社は縁結びで知られる神社です。恋愛・結婚の縁結びはもちろん、人間関係も仕事もすべてのご縁があって円満に進むもの。

月のはじめに今の自分に必要なご縁は何かを問いかけて、素敵な縁を運んできて

もらえるようなお願いをしてみましょう。

「素敵な恋人とのご縁をいただける」「仕事の縁が広がる」

「自分に関わるみんながハッピーになれる」

11月

11月の別名は霜月です。名前の通り霜の便りが聞こえてくるような寒さが到来します。１年12カ月の残りが２カ月となることから「しぼみ月」と言われ、霜月に変化したという説もあります。

こんな別名から「しぼんでほしいもの」に関するお願い事をしてみるといいかもしれません。体型・お金使い・広がりすぎる人間関係。自分の手に収まるように物事を整理すると、毎日がぐっと楽になるはずです。

「体重がすんなり○kgになる」「クレジットカードの使用を○円で収められる」

「LINEの利用を１日１回に収められる」

12月

12月の別名は師走です。師とはお坊さんのこと。年の瀬を控えお坊さんが各戸の供養に忙しい様子から付けられた名前です。私たち一般人も、年末は何かと慌ただしくなるもの。月のはじめに昨年の12月はどうしていたかを思い出し、スムーズに1年を終えられるヒントを探してみましょう。

1年を感謝して締めくくるお願いをしておけば、素敵な大晦日を迎えることができます。

「大掃除が○日までに終わる」「年末出勤は○日までのんびりできる」「いい1年だと思える大晦日が過ごせる」

いかがでしたか？

このように、毎月のマンスリーページをながめてみると、その月がどんな風になったら幸せなのか、何を願ったらいいのかが簡単に浮かんでくると思います。

ここにあげたのはほんの一例にすぎません。

みなさんの手帳に書かれている毎月の予定からも、さまざまな願い事が生まれてくるはずです。願っていたのに書いていないから叶わなかった、ということがないように、「今月の願い」の欄を活用してみてください。

付箋紙に書いた願いも、各月に分類する

さて、ここからはもうひとつの「今月のお願い」欄の活用方法です。

それは、「1年間の願い事リスト」（89ページ参照）にリストアップした願い事を、さらに叶いやすくするためのアイディアです。

春のスペースに書いた（貼った）願い事は、2月、3月、4月のどの月に叶いそうな願い事でしょうか？

例えば、「屋形船でお花見を楽しめる」という願い事なら、桜の咲く3月がふさわしそうですね。

そこで、マンスリーページ3月の「今月の願い」欄に「屋形船でお花見を楽しめる」と書き入れ、その後ろに願い事を叶えるために自分ができることをTO DOと

して書き込みます。

例えば、「□桜が見られる屋形船のコースを調べる」「□屋形船に乗りたい友達を誘う」などです。

調べよう、誘おうと頭の中で思っていても、忙しかったり、違う話題で盛り上がっていたりすると、つい行動することを忘れてしまうものですがこう書き込むことで、自分の方から願い事を受け取る準備がグンと進みます。

願い事を手帳に書くと叶う理由はここにあります。日付と願い事がつながれば自然と願いを実現させるためのパワーが強まるのです。

こうして書き出しながら気付いて欲しいのは、願い事の達成を妨げるのは実は他人ではなく、自分の心の中にある否定や不安、他人に対する依存心、つまりは自分に対する信頼のなさなのだ、ということです。

願いを叶えたいなら、どんどん付箋紙に書き出していきましょう。**そして書いているうちに、その願いを叶えることを邪魔する自分の心の問題や癖に気付いたら、そ**

れらを改善するお願い事を、新しい願い事として書いていくのです。

ひとつの願い事に対して新たにまたひとつ、ふたつと願い事が生まれてきます。驚くような増え方かもしれませんが、それが正しい願い方なのです。

今まで、願い事というと叶ってうれしい表面的なことしか見えていなかったかもしれませんが、その下にある本当に見るべきもの・直していくべきものに気付いてこそ、願い事が叶いやすくなるのです。

別の言い方をすれば、あなたがより幸せになるために必要なことを「願う」という作業は教えてくれるのです。

本当のイメージングとは

「年末の大掃除で家中がきれいになる」という願い事を書き写すとき、ただ手を動かすだけよりも、願いが叶ったときのイメージを思い描きながら書くことで、さらに叶いやすくなります。

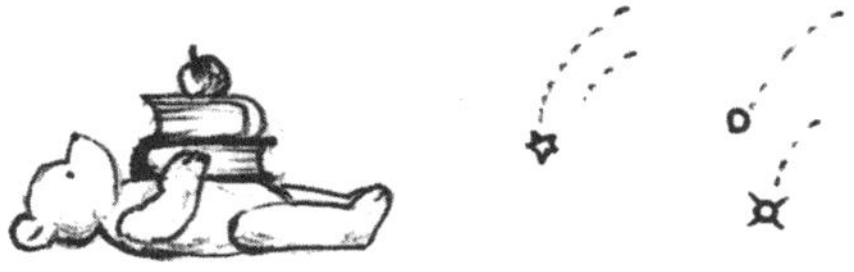

イメージ上手は叶え上手、と言われるくらい、イメージの力は絶大です。

では、さっそく目をつぶってこの願い事が叶ったときのことをイメージしてみてください。

ピカピカの窓・ワックスのかかったフローリング、整理整頓された部屋の中、引き出しの中まできれいに整っている……。

そんなイメージがキチンと浮かんだでしょうか？　上手にイメージできましたか？

ではひとつ質問します。

そのイメージの中に「あなた」はいますか？　「あなた」はどこにどんな風に存在していますか？

もしそのイメージの中に「あなた」がいないとしたら、残念ながらその願いは叶いにくいでしょう。なぜなら、その部屋の中にあなたが存在していないからです。

イメージする、というと自分の目から見た風景や景色を思い描くものと考えがちですが、願いを叶えるイメージングは、自分の存在もその風景の中にしっかりと溶

け込ませるのがポイント。

大掃除が終わってゆっくりとソファに腰かけ、満足気に部屋をながめている自分自身をハッキリと思い描いてください。

「イメージの中に自分の存在を描き込む」。これが自然とできるようになれば、願い事が叶う確率はとても高くなります。

以前、「会社から独立して仕事をしたい」という願いがなかなか叶わず、ワークショップに参加してくれた読者の方がいました。そこで、独立のための願い事をいくつか書き出してもらい、最後に独立できたときのイメージを思い描いてもらうことにしました。

そのイメージを彼女はこう語りました。

「都心の程よい広さのオフィスで、前向きで頑張り屋のメンバーが和気あいあいと仕事をしています」

あら、と思って「その風景の中にあなたはいますか？」と聞くと、彼女は大笑いしました。

「新しいオフィスに私がいません！　自分の願いなのに、自分のことを忘れていました。これがいつもいいところまで行くのに、独立につながらなかった理由なのですね！」

そうなのです。仕事熱心で周りの人の元気を引き出す彼女は、どちらかというと情にもろく、面倒見が良すぎて、いざ独立！　というチャンスがきてもつい、〇〇さんの産休があるから、とか、次にいい新人が入ってくるまでは……と、そのチャンスを見送ってしまっていたのです。

そのことに気付いた彼女は、新しい付箋紙に「独立のチャンスの波に乗れる」「新しい職場から〇〇さんの出産を応援できている」「事後のことを他人に任せられる自分になれる」と3つのお願いを付け足し、独立に向けての覚悟を固めて新たに行動を開始したのでした。

そんな賢い彼女は、イメージで思い描いたようなオフィスで、書いた通りの素敵なメンバーに囲まれ、代表として働いています。

願い事をイメージするときは、まず自分がどんな服を着て、どんな風に願いが叶った場に存在しているかを思い描くようにしましょう。

では、ウエディングドレスを着た自分と相手の姿が思い描ければ、1年後はめでたく結婚できるのでしょうか？　いいえ、あと一歩足りません。

どんな相手とどんな生活をするのか、ふたりで育む家庭の雰囲気とはどんなものなのか、という風に、ウエディングドレスや婚約指輪という「象徴」に頼らず、実際の生活をありありと想像できるようになった人にだけ、素敵なご縁がもたらされるのです。

願い事を実現するために、その月にできることがあれば、実行可能な日に緑のペンで□（チェックボックス）を付けて書きます。

例えば、あなたは友人つながりで、とあるパーティーの主催者と会うことになりました。そして、あなたはそのパーティーに参加したいと思っています。

その場合、パーティーの主催者と会う日のところに、「□参加したいと伝える」や「□参加したいと伝えた」と書きます。

「伝える」と書いても、「伝えた」と完了形で書いても、どちらでもOKです。

自分がしっくりくる方の言葉で書きましょう。

事前にこのように書いておけば、言い忘れて参加のチャンスそのものがなくなることを防げますし、もしその時点では定員がいっぱいだったとしても、空きが出しだい声をかけてもらえる可能性が出てきます。


自分の意思を伝えるのが苦手な人にとっては、勇気がいる行動かもしれません。でも、「きっかけを作る」のは願いを叶える上で、とっても重要。日頃から「お願い上手」「甘え上手」な自分を演じてみると、いい練習になりますよ。

できれば、手元にある1年分の願い事すべてについて、「叶えるためにできること」を考えて手帳のマンスリーページに書きましょう。

第4章では、季節ごとに付箋紙を分類しましたが、1年12カ月、毎月のマンスリーページを活用することによって、さらに叶える時期を細分化できます。

ただし、願い事の中には「叶えるためにできること」がどうしても思い付かない、というものもあるかもしれません。

その場合は、無理に手帳に書く必要はありませんので、「できること」を思い付くまでそっとしておきましょう。

あなたはその願い事が叶ったらどんなにうれしいか、うれしい気持ちにひたって叶うのを待つだけです。

ただの願い事が、実現可能なことになっていく

1月のお正月休みをハワイで過ごす、2月のバレンタインには例年よりもサプライズ感のあるチョコレートを見つけることができる、3月には屋形船からお花見を楽しめる。

このように、1年12カ月の毎月のイベントや行事に関して願い事を書いていくだけで12個の願いが生まれます。

これらのお願い事を手帳に書いて、実現するような行動やイメージングを重ねていけば、ひとつひとつの予定やイベントはより充実した、思い出深いものになって

る！　□A社とB社に再度アプローチ

Thursday 木	Friday 金	Saturday 土	Sunday 日
31	1 □夏に向けて ダイエット開始 できた	2	3
7 →	8 →	9 お花見用品の 買い出し	10 11:30 屋形船でお花見
14 →	15 →	16 □パーティーに 参加したいと 伝えた	17
21 →	22 →	23	24
28 →	29 19:00 大学メンバー飲み 昭和の日	30 □庭でBBQした	1

願いが叶いにくいときは、手帳を活用しよう

4

今月の願い　残り５件の契約が取れ

Monday 月	Tuesday 火	Wednesday
28	29	30
4 9:00~18:00 仕事	5 12:00 Aさんとランチ	6
11 9:00~18:00 仕事	12	13 18:30 Bちゃんと遊ぶ
18 9:00~18:00 仕事	19	20
25 9:00~18:00 仕事	26	27

いくことでしょう。

例えばこれまで、「一度はハワイでお正月を過ごしたい！」と思っていても、「そのうち調べればいいや」と行動が後回しになり、結局旅行のための貯金や情報収集が間に合わなかった。そんな人は付箋紙にまずその願いを書き出し、手帳をながめて今すぐできる行動を考え、TO DOとして書き込んでいくことで、ただの「願い事」が実現可能な「願い事」へと変わっていきます。

この行動が身に付くと、今まで願い事が叶わなかったのは「なんとなく叶えばいいや」というくらいの軽い気持ちの願い方しかしていなかったのだな、と思えるようになるはずです。

時間は意識をしなければどんどん先に流れてしまいます。お金も用途をしっかり意識しなければ必要な分を残すことは難しいもの。そして気持ちもぼんやり、なんとなくのままではどんどんぼやけてしまうものです。

目に見えない時間やお金の観念、そして自分の気持ちを「願い事」として書くことで固定し、忙しく慌ただしい毎日の中でも忘れることがないよう、予定を管理す

る手帳も併用すれば、「願い事」はきっと叶います。

こうして、季節ごとのイベントに関するお願いを書き出したら、次はあなたのその月の月間予定を、よりスムーズで楽しいものにするためのお願いを考えてみませんか？

中には今現在の時点では、月ごとのイベントを楽しむ余裕はなくもっと切実な毎月のお願いをしたほうがいい人もいるかもしれません。

例えば、職場で異動が発表される3月。あなたは自分の異動を知らされていて、引き継ぎのマニュアルを作らなくてはいけないことになってしまった。

こんなとき、多くの人は手帳や会社のカレンダーの3月末に近い日付のところに、「引き継ぎマニュアル締切」と書き込んで終わりだと思います。

そして締切日が近づくまで、「ああ、マニュアルを作らなくちゃな〜」と締切の予定をながめながらため息をつき、結局、締切日直前のギリギリに取り掛かって、一夜漬けに近い形でなんとか締切に間に合わせる、というのが大概のパターンだと思います。

もちろん、締切さえ守ることができればそれで一応はクリアと考えていいと思いますが、自分の数年間の仕事のまとめにあたるマニュアル作成が、間に合わせの資料にすぎない、としか思えないのでは少し残念な気もします。

「もっと早く取り掛かっていれば良かった。もっと丁寧にやれば良かった」という後悔をしてしまう理由、それは、締切日しか手帳に書かないからです。

手帳は締切日を忘れないように書くものでしょう？　というのはもっともなのですが、正しくは**手帳は締切日を守るためにどう行動するかを書くもの**です。

つまり、前者は締切日を覚えておくという意味にすぎず、後者は締切日に間に合うようにする、という意味の違いがあります。

「覚えておく」と「間に合うようにする」では、締切に対する気持ちも行動も全く変わってきてしまうのです。

3月の月末近辺の日付の欄に「引き継ぎマニュアル締切」とだけ書くやり方では、その日が近くなってくるまでなかなかその予定に意識が向くことはありません。

手帳にはその他たくさんの予定やTO DOが書いてあるため、どうしても「日付が近くなってからやればいいや」という気持ちになってしまうからです。その結果が、恒例ならぬ悪例のギリギリ作業となってしまうのです。

ではギリギリを回避し、内容の満足度を上げる手帳の書き方とは、どんな書き方なのでしょうか？

答えは、月のはじめに「今月の願い」として書くということです。

具体的には３月の「今月の願い」欄に「わかりやすい引き継ぎマニュアルを３月末までに完成できる」と書き込みます。

その上で、締切日の日付欄に「引き継ぎマニュアル締切」とタイムリミットを書き込むのです。

すると頭の中にはマニュアルを作成するためのTO DOとして「□過去のマニュアルを参考に書き加える」「□部下の仕事の流れを再確認する」「□上司にマニュアルの内容をチェックしてもらう」など、やったほうがいいことが浮かんでくるはず。そうしたら、手帳の空きスペースにマニュアル作成に必要な行動を書いていきます。

さらにTO DOそれぞれに所要時間、例えば上司にマニュアルをチェックしてもらうなら中2日は必要なので（2日間）などと先方の作業時間も見積もっておけば、より落ち着いて仕事に集中することができるようになるでしょう。

自分の予定と相手の予定の調和をはかるのも、手帳の大切な役割のひとつです。

このように締切日だけではなく、月のはじめに「今月の願い」として1行書くだけで、その予定は締切日1日だけの予定ではなく、1カ月を通して完成させるべき予定であることが意識できるようになります。これがギリギリ癖や不完全感をなくすための書き方なのです。

そして、月のはじめにその月全体の流れを把握しておくことは、なによりも「安心感」につながります。

「引き継ぎマニュアルを作らなきゃ」とだけ焦っていても、行動につながらない書き方をしていたのでは、焦りが重なるばかりで実際の作業は進みません。

心を落ち着けてスムーズに完成させるには、いつから何をスタートさせ、どのくらい進めるのかも明記しておくのがいちばんです。

仕事をしなくてはいけないと思えば思うほど、気持ちが焦ってしまうという人は、手帳の使い方が足りないのかもしれません。

手帳は予定の管理だけでなく、気持ちの管理にも力を発揮してくれることを信じて活用してみませんか？

お金の不安をなくす、願い事の書き方

「今月のお願い」と「焦り」といえば、ぜひおすすめしたいお願い事の例があります。

それは、**「クレジットカードの使用を○円に収められる」**というお願い事です。

クレジットカードは毎月決まった日に締め日があり、引き落としの日があります。

そうはわかっていても、毎月引き落としの日が近づいてくると、「こんなに使ったの？」「こんなに使わなければよかった」という後悔と反省に襲われてしまう、という人は少なくないのではないでしょうか？

手帳セラピーには「お金に愛される手帳術」という内容で行うワークショップも

あるのですが、お金に関する悩み事を聞いてみると、**「収入が少ない→それなのにクレジットカードを使いすぎてしまう→リボ払いなどを含めた利子が膨らんでしまっている」**というような切実な悩みが上がってきて、いたたまれない気持ちになることがあります。

頭の中ではわかっていても、つい現金の持ち合わせがないから、とか、衝動買いの誘惑に負けて、クレジットカードを使ってしまう。

結局支払うのは自分の銀行口座なのですから、出どころは同じなのですが、元手以上の限度額が使える機能が付いているものがあると、「いつもニコニコ現金払い」のスッキリ感とは正反対の気持ちに悩まされることになってしまいます。

実は、この悩みは「お金」という本来目に見えて触れられるはずのものを、クレジットカードの機能が目に見えにくいものにしているから生じてしまう問題です。

お金はもともと、貝や石という自然界にあるもので代用としていました。やがて、人間の技術が発達するにつれて、大地に埋蔵されている金を掘り出し、特別な価値を作り出しました。それが硬貨や紙幣と持ち運びに便利なものになり、クレジットカードやクレジット機能付きスマートフォンなど、どんどん価値が目に見えにくいものに進化してきてしまいました。

もちろん自分なりのルールを決めてクレジットカードを使い、収支も把握する習慣をつけている人は、ポイントを貯めたり交換したり現金にはない恩恵を受けていると思いますから、結局は使う本人次第と言ってしまえばそれまでですが……。

冗談で「1万円札の柄のクレジットカードがあったら、使いすぎはなくなるかもしれませんね」と言うと、みんなが納得してくれるのですが、やはりお札の枚数を実際に手渡して商品を手に入れるのと、クレジットカード1枚で済ませるのでは、お金が手を離れていく実感の重さが大きく違うはずです。

そこで、手帳の出番です。手帳なら、目に見えないために揺らぎやすい気持ちをサポートするのもお手のもの。

その月のお金の不安を軽減したいときは、「今月の願い」欄に、「クレジットカードの使用を○円に収められる」と書き込み、○円で収めるためにできるTO DOを手帳の余白に書き込みましょう。

「□現在の使用状況をチェックし書き出す」「□今月の支払日に必要な金額を書き出す」「□今後クレジットカードを使う際の、自分のルールを書き出す」

ずっと考えないようにしてきたことを、あえてTO DOとして目に見える文字にすることで、それまで漠然としていた不安（今まで自分で金額を見ないようにしていたためにふくらんだ不安）や、このままの自分でいいのだろうかという焦り（良くないとわかっているけれど、修正方法を考えたくないという恐れ）が、きちんと表面化するため解決の方向へと向かいやすくなります。

「幸せ」を考えるとき、「お金」という豊かさは切っても切り離せないものです。高級車や大邸宅を買うこと＝幸せ、ではありませんが、自分の考える幸せな生活を送る上での選択肢を広げるために、お金は有効です。

お金は幸せの一要素にすぎませんが、悩みの原因となっていると、なかなか解消することが難しく、知らず知らずのうちにあなたから多くのエネルギーを奪っていくことになります。

お金が持つエネルギーを上手に自分のものにするためにも、小さなお願い事は有効なのです。

お金というものへの不安が減ってくると、心は自然と本当の豊かさへと向かっていきます。

これまではたくさんの買い物をするために、余暇を削ってまで働いていた人が、ゆっくりとした時間を過ごしたくなったり、たくさんのものに囲まれて過ごしていた人がシンプルな空間を好むようになったり。

そんな気持ちの変化に伴って新しい願い事も生まれてくるでしょう。

そうしたらまたペンを手に取って「自然の中でのんびり本を読む時間が持てる」「クローゼットを片付けて、不要になったものをチャリティーに出す」など、思い浮かんだ願い事があれば付箋紙に書き込み、「1年間の願い事リスト」に仮置きします。

実践できそうな月がやってきたら、その月のマンスリーページの「今月の願い」

に貼り直すか、書き直しておくと、ふとその月の中で時間ができたときに実行しやすくなります。

特にふたつめのお願い事は、あなたはもちろん、受け取った誰かも幸せにする、ひとつで幸せが倍になるとっておきのお願いです。ぜひためしてみてくださいね。

毎日続けたいことは、ウィークリーページに書いておく

願い事を叶えるために、毎日継続して行った方がいいこともあるでしょう。

そのような場合は、手帳のウィークリーページに緑のペンを使って□（チェックボックス）を付けて書きます。

例えば、毎日のイメージング。

願いを叶えるためには、「願いが叶った状態」をイメージすると効果的です。

ウィークリーページを開いて、イメージングを行うのに最適な時間を選び、
□願いが叶ったときの自分を想像する

と書いておきましょう。

このように、「願いを叶えるためにやること」を日々の予定と同じように手帳に書いておくと、「私はしっかり行動しているので、願いを受け取れる資格がある」と思えるようになってきます。

叶ったり、願うことをやめた願い事について

付箋紙に願い事と詳細を書き込んで「これで完成！」と思っても、数日経ってみると「ちょっと違うかも」と感じるのはよくあること。

これは、うわべの理想がはがれて「本音の理想」「本当の願い」が出てきている証拠。順調な経過をたどっているということですので、自信を持ってください。

付箋紙に書いた願い事を修正する際は、修正液や修正テープは使わず、二本線を引いて修正前が見えるような形で書き直しましょう。

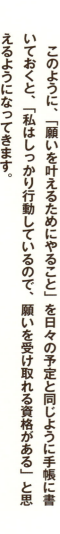

なぜなら、修正の跡は**「本当の自分に出会う大切な過程」**だからです。

例えば、「毎月ネイルサロンに行くことができる」と願っていたとします。

でも数カ月経つうちに、少しずつセルフネイルが上達したので、ネイルサロンに行く必要があまりなくなりました。

この場合、「毎月ネイルサロンに行くことができる」という願いを訂正して、隣に新たな願いを書き入れましょう。

最初は、ネイルサロンに行くこと＝自分に手をかけているイメージで、素敵な願い事だと考えていた。

でも、セルフネイルが上達するうちに、自分の好きなときに、家でリラックスしながらできて、お金もあまりかからないことに気付いた。

このように、願い事を書いたときには気付かなかった「自分が本当に望んでいること」が見えてくるのです。

願い事を書くことで、より自分が楽になれる状態がどんどん浮かんでくるのです。

そういった過程を、変化がたどれるよう更新していきましょう。

あなたが歩んできた足あとですので、ぜひ残しておいてください。

ワクワクすれば、願いは必ず叶う

願いを叶えるために、一番大切なこと。

それは、ワクワクした気持ちで過ごすことです。

願い事を書いたはいいけれど、「本当に叶うのかな……?」と不安がってばかりいると、「叶わないことを望んでいる状態」になってしまいます。

シンプルに「願うことが楽しい」「願いが叶ったときのことを、想像するだけでワクワクする」と思えたら、願いは叶い始めます。

「叶うかどうか」が不安の種となってしまうなら、無理に100個の願いを用意せず、「これが叶ったら楽しいな」と思えるものだけを厳選しましょう。

そして、次の6つの願い事を書いてみてください。

この6つは、願いを叶いやすくする魔法の呪文のようなものです。

①1年後、100個の願いがハッピーに叶って、喜ぶことができた

「願いが100個も叶うはずがない」と思っていたら、叶うものも叶いません。これは、無理だと思う気持ちを消去するための願い事です。

②願い事が叶うと信じられるようになった

今までの経験や記憶から、「願いなんて叶わない」「信じられない」と思っている人は、この願い事を入れましょう。「すぐに」というトッピングワードを入れると、より早く信じられるようになります。

③100個の願いが叶うことを自分に許している

「自分に許している」という表現を聞き慣れない人も多いかもしれませんが、こう書くのがしっくりくる場合もあるのです。

これは、実際に私のワークショップに参加してくれた40代女性の話です。

彼女の悩みは「なかなか恋人ができないこと」。

容姿も決して悪くなく、性格も穏やかでとても素敵な女性です。なぜ恋人ができないのか不思議なほどでしたが、よくよく話を聞いてみると、問題は彼女の容姿や

性格ではなかったのです。

彼女は、中学生の頃に親から「恋人をつくってはいけない」と厳しく言われて育ったのだとか。大人になった今でも、それを無意識のうちに引きずっており、そのため恋人がなかなかできなかったのです。

ですから、彼女の場合は、「恋人ができる」と願い事を書くよりも、「恋人をつくることを自分に許している」と書いた方が効果的です。

他にも、例えば「貯金ができない」「お金がない」と悩んでいる人の場合。

知らず知らずのうちに「お金を貯め込むのは悪いこと」と思い込んでいるケースが多く見られます。

このように思い込んでいると、いくら「貯金ができた」「収入が増えた」と願いを書いたところで、心の奥底にある「お金を貯め込むのは悪いことだから、私はお金を貯め込まない」という願いの方が叶ってしまいます。

ですから、「貯金することを自分に許している」と願いを書いて、この思い込みを消してしまいましょう。

親の刷り込みの影響や、周りの人の視線を気にするあまり、自分を許してあげられない人がたくさんいます。願い事がなかなか叶わない人は、自分に当てはまる部分がないか、よく考えてみてください。

④幸せに気付くことができる

実は既に叶っているのに、気付いていない人もいます。

「いつも不幸な自分」は、もしかしたら「もう幸せなのに、それに気付いていない自分」かもしれません。

⑤幸せになれる選択肢を自然に選んでいる

あえて幸せではない方を選び、自ら大変な思いをしている人がいます。

「もっと苦労しなきゃ！」「大変な方を選ばないと！」と自分を追い込み、「苦労は買ってでもしろ」という格言を信じて、わざわざそれを克服すれば幸せが訪れる、と思い込んでいるケースです。

幸せは苦労の対価ではありません。

苦労するしないにかかわらず、幸せはちゃんと訪れます。「苦労をしなければ夢は実現しない」という思い込みは捨てましょう。

苦労することがクセになっている人は、自然に不幸せな方を選んでいる人ともいえます。苦労なく幸せになることに、抵抗を感じているのかもしれません。

その抵抗をなくすために、「幸せになれる選択肢を**自然**に選んでいる」と願いましょう。「自然に」というトッピングワードが大切です。

今までは自然に不幸な方を選んでいたかもしれませんが、これからは自然と幸せになれる方を選べるようになります。

⑥願いと現実を近付ける方法がわかる

願いを「妄想」と言ってしまう人が、驚くほどたくさんいます。

以下は、私のワークショップに参加してくれた、30代女性とのやりとりです。

彼女を、仮にK子さんとしておきましょう。

K子「先生、私、今は実家で暮らしているんですけど、早く一人暮らしをしたいんです」

私「そうなの？　じゃあ、願い事として書いておかなきゃね」

K子「そうですね～。でも、まあまだ妄想なんですけどね」

早く一人暮らしをしたいと願う一方で、「妄想なんですけどね」と、その願いを打ち消してしまっています。

本当にそれは妄想で、実現が難しいことでしょうか？

願いと現実を近付ける方法がわからないだけではないでしょうか？

私「どうして妄想だと思うの？」
K子「一人暮らしって、お金がかかるじゃないですか。私、全然貯金ないんです」
私「お金がかかるって、具体的にいくらくらいかかるの？」
K子「……具体的にいくらかかるかは、わからないんですけど」

漠然と「お金がかかる」と思っているだけでは、願い（一人暮らし）と現実（かかる費用）がまったく別の場所にあるので、願いは到底叶いません。

この場合、「敷金礼金、引っ越し代、家賃半月分で〇万円。家具、家電で〇万円くらい必要になるかな」と現実的に考えていけば、願いは妄想にとどまらず、実現に向けて動き出します。

まずは願いと現実を近付ける方法を見つけられるよう、願い事として書いておきましょう。

思考のクセをいい方向へ向けるための、願い事の例文

せっかく願い事を１００個書いても「本当に叶うの？」「どうせほとんど叶わないんでしょ」と、思っていると叶いにくい、というのは既にお話した通りです。

願いが叶う・叶わないは、その人の性格・思考によるところが大きいとも言えます。「大丈夫、きっと叶う！」とポジティブに思える人は、その言葉通り叶いやすく、逆に「多分、無理だろうなぁ」とネガティブな感情を抱きやすい人は、叶いにくいです。

「そんな簡単に性格は変えられません」「考え方を変えることに抵抗があります」と

いう人もいるでしょうか。たしかに、その通りです。

でも、願いを叶えるために、ほんの少しだけ思考のクセをいい方向へ向けてみませんか？

思考のクセをいい方向へ向けるというのは、「ワクワクしやすくなる」ことを意味します。ここで、ワクワクしやすくなるために効果的な願い事をご紹介しましょう。自分にぴったり合うもの、しっくりくるものを取り入れてみてください。

※○○の箇所には、願いに関わる具体的な内容、期間、数字などを入れましょう。

・新しく始める○○を、○○になるまで長続きさせられるようになった

何かを新しく始めたいと思っても、「どうせ続かないし……」と、ためらう気持ちがある人は、この願いを書いてみてください。

・今まで続けてきた○○を、これからも順調に続けられる

長く続けているけれど、なかなか上達しない。そのように感じている人は、このように願ってみてください。「継続は力なり」という言葉の通り、自分では気付かな

いけれど、続けてきたからこそ得られたもの・ワクワクな気持ちがあるはず。

「物事を良い方に考えられるようになった」でもOK。

・○○に対して、ポジティブ思考になれた

・自分の感情を、上手に扱えるようになった

・○○に対して完璧主義が治った

・自分の良い変化に適切に気付けるようになった

・自分の未来に希望を持てるようになった

「過去にとらわれている」「立ち直ることができる」「未来に対する不安が消える」などの書き方は、マイナス言葉が含まれているので避けましょう。

・心が軽くなる方法を実行できている

「ストレスに負けない」という書き方は、「ストレス」というマイナス言葉が含まれているのでNGです。

・長年の課題をすんなり解決できた

・自分の良いところを見つけている

「自分を責めるクセがなくなった」という書き方は、マイナス言葉が含まれているので避けましょう。

・○○なとき、冷静に判断できるようになった

・○○について安心することができる

例えば転職や引っ越しなど、変化を恐れている場合は、このように願い事を書いてみてください。「○○に対する不安、恐怖がなくなる」という書き方はNGです。

・○○を適量に収めることができている

お酒・たばこなどの嗜好品については、このように書きましょう。

・経済的・心理的に自立できている

・過去の自分を許すことができている

・朝から機嫌良くいられる

・気持ちの切り替えが上手になっている

イライラすることが多い。怒り、悲しみ、切なさをうまく昇華できない、という人におすすめの願い方です。

・○○について柔軟な考え方ができる

仕事や人間関係、家族との関係において頑なになっている自分に気付いたら、この願い事を書いてみてください。「頑固」「頑な」という語句は、マイナス言葉なので使用しないでください。

不安の先回りをやめよう

残念ながら多くの人は、心の奥にひそむ願い事に気付かないままでいたり、願い事を心にしまったまま暮らしています。

その様子はむしろ、その願い事が決して日の目を見ないように望んでいるのでは？　と思えるくらい頑なで、時におかしく見えることさえあります。

どんな人にも自分の願いを叶える力はあるのに、なぜそれを発揮しないままにいるのだろう？　そう考えたとき、浮かんできたのが「混乱」という言葉でした。

手帳セラピストという仕事柄、多くの人の手帳の書き方の指導にあたってきましたが、みなさんに共通なのが「混乱」という悩みでした。

予定が混乱している。やるべきことと、やりたいことが混乱している。自分の考えと人の考えが混乱している。

そうなってしまうのは、自分の心の声である小さな願いに十分集中したり、注意を払ったりしていないからです。

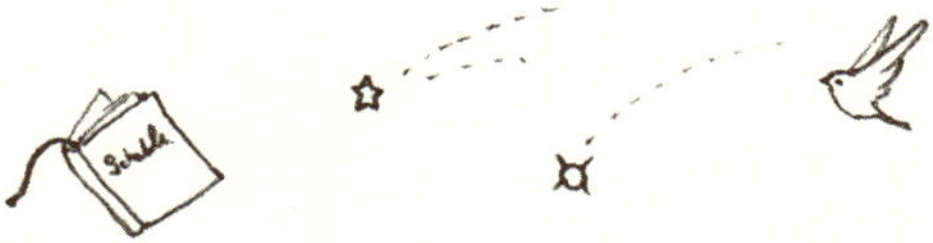

「自分が何を好きなのかわからない」
「何をしたら幸せを感じられるのかわからない」
こればかりは、誰か他人が教えて解決できることではありません。
自分が何を望んでいるのか、自分の願いを拾い上げるのはあなた自身にしかできないことなのです。

あなたが誰かを好きになり、もっと深い関係になりたいと思ったら、どうしますか?

一緒に過ごせる時間をできるだけ増やし、忙しいスケジュールの合間を縫っては会う時間を見つけ、何時間もお互いのことを知るために語り合うことでしょう。

そしてその時間を何より幸せな時間と感じることでしょう。

でも私たちは、恋人という他人と過ごす時間はつくれるのに、自分自身と過ごす時間をなかなかつくり出そうとしません。おかしいとは思いませんか?

幸せを感じるには、まず自分自身との関係を深めるための時間が必要なのです。

これまで、他人との関係や他人への対応に多くの時間を取ってきた人は、自分自身との関係が希薄になっていることを認めましょう。

何をしても満たされない感覚が長く続いているのは、自分自身をほったらかしにしてきたせいです。自分自身への信頼を取り戻すためには、関係を再構築するという意志が必要です。

自分との関係の再構築をサポートしてくれるのが、「書く」という行為です。

付箋紙は突然浮かんでくる心の声、「願い事」を書き留めるときに軽快な働きぶりを見せてくれます。

手帳は、1年間という決まった期間を一覧させてくれ、その時間の中で自分がどのように過ごしていくかの未来像を見せてくれます。

それまで、浮かんでは消えていくままにしていた小さな願い事を付箋紙に書き留め、ノートや手帳に貼り付けていくことは、自分自身との対話を目に見える形にしていく作業です。

例えば、長く叶わないままでいる「週に一度は17時に退社したい」という願いがあったとします。簡単に叶いそうで、なかなか叶わないのはなぜでしょうか？

きっと理由はこうだと思います。

他のメンバーが残業しているのに自分だけ……という罪悪感。

または、他の人の反応が気になるから……という遠慮。

結局「定時に退社する」という願い（考え）さえ引っ込めてしまうから、なかなか実現が難しくなります。

現実に定時に退社することで仕事仲間から意地悪されることもあるかもしれませんが、多くの場合は取り越し苦労であり、先回りしすぎる自己規制にすぎません。

問題なのは、あなたが「自分」を大切にすることをあまりにもないがしろにしていることです。

いいえ、あなたは自分が定時に退社していい存在であることを、自分自身で認めていないことです。

あなたが「週に一度17時に退社をする」という願いを実践に移すことで、必要だった休息が取れ、翌日からのモチベーションがアップし、仕事のパフォーマンスも向上する。つまりあなたが自分自身の願いを尊重することは、周りにいる人への最高の贈り物にもなるということを理解していないのです。

横並びのルールを守って不幸さを嘆くより、幸せになるための勇気を出しましょう。

「週に一度定時で退社する」という願い事を書いた付箋紙を手帳にしのばせ、スケジュールを見渡していちばんいい日付を見計らって実行してみましょう。

拍子抜けするくらいに、長年の願い事はあっさり叶うはずです。

さらには、退社した足でふらりと入った映画館やカフェで、思いがけない幸せな出会いがあって……という風に、ちょっとした行動の変化が人生の流れを変えていくことさえあるかもしれません。

心の中にずっと置き去りにしていた「小さな願い」に光を当てることで、あなたの人生は小さく、でも確実に幸せなものへと変化していくことを楽しみにしてくださいね。

おわりに

願い事は自分が望む幸せの形を教えてくれるヒント。浮かんでは消えてゆく願い事をつかまえておくために手帳やノートを使ってみよう！　という話を聞いて、素直に実践してくれている方から、こんなうれしいメールが届きました。


めぐみ先生、昨日はワークショップありがとうございました！

先生のアドバイス通り、去年の手帳の願い事のページを開いてさっそくチェックしてみました。

叶った願い事を緑色の蛍光マーカーで塗りつぶしたり、もう願わなくていいかな、と思えるようになった願い事には二本線を引いてキャンセルしました。

書き始めたときは叶うのだろうか？　と思っていましたが、丸1年も経つと書いたときは難しそうに思えた願い事もかなり叶っていますね。（中略）

ところで、私もありました。望まないことが叶って困ったこと。
・親密な新しい友達ができる。

と書いたら確かに新しい友達ができたのですが、中には仲良くするのが難しいタイプの人もいて、しかもやたらとしつこくて、困っていました。

これは、自分が欲しいと思っているのはどんな人なのかを具体的に書かなかったせいだったのですね。私が欲しかったのは、仲は良いけれどお互いのことを尊重し合える友達だったのだと改めて確認できました。

そこで「A子さんと適度な交友関係を持てています」という願い事を、新たに加えようと思います。

学生時代とは違い、大人になってから友達をつくることは難しい、と思っていましたがそれも思い込みのひとつだったのですね。

「願い事は自分を知るためのヒント」という言葉が最近よくわかるようになりました。これからも願い事をどんどん書いて、どんどん叶えようと思います。ありがとうございました。


こんな報告のメールをもらうと、「書くこと」の大切さがきちんと伝わっているな、手帳を楽しく活用する方法・手帳セラピーを伝えてきて本当に良かったと思います。

スマートフォンの入力さえ音声でできてしまう現在、ペンを手に取って文字で願い事を書き込むなんて、とても面倒な作業だと思う人もきっといることでしょう。

でも、音声入力で地図アプリを起動させ、行きたい場所を探すことはできても、肝心の「行きたい場所」がどこかを決めるのは自分自身です。

最近何かつまらないな、とか、もっと楽しいことがあるのではないかな、と思えて仕方がないという人は、もしかしたら肝心の「自分自身の気持ち」にアクセスすることを忘れているからかもしれません。


みんなが「いいね」と言うから、評価が高いから、という理由で選んだあれやこれやはすべて誰かが基準のことばかり。どんな最新の機能を駆使しても、あなたが100％満足する「楽しい」「幸せ」のツボを探し当ててくれることはないでしょう。

忙しいのになぜか満たされない、それが自分の心を無視した「ないものねだり」のせいだと気付いたら、今まで外側に向けていた意識を少しだけ内側に向けてみればいいのです。

今までスマートフォンの画面を開いていた時間の１００分の1の時間だけ、この本を、手帳やノートを開いてみてください。

そして付箋紙を1枚手にとってみてください。みるみるワクワクする気持ちがわいてくるはずです。

「願い事」と「手帳やノート」という組み合わせは、一見「空想」と「現実」で相反するもののように思うかもしれませんが、この本を読み終えたあなたはそれが最強の組み合わせだということに納得してくれるはずです。

時間という目に見えないものを見えるようにして、現実のものにしていく手帳は、心の中に浮かんでは消える願い事というものを、あなたの日常や未来という現実のものにしていくときにも力を発揮してくれるのです。

ずっと前から願っていたこと、まだまだ叶えることができないと思っていたことも、手帳を使って現実の中にその願いを根付かせる工夫をするだけで、予定と同じように実現するものに変えてゆくことを信じてみてください。

最後になりますが、本書を出版するにあたって協力してくださった廣済堂出版の伊藤岳人さん、マニュブックスの笹山浅海さんに感謝します。本当にありがとうございました。

あなたが思い描く願いは、あなたが幸せになるためのヒント。

１００個の願い事を考え、叶えていく毎日が、素敵な日々になることを心から願っています。

手帳セラピスト　さとうめぐみ

巻末付録　切って使えるオリジナル付箋紙

巻末付録　願い事の例文

●家族で団欒の時間（どんな）を過ごせる
●いちばんお気に入りの恰好で写真を写せる
●大好きな人たちと集合写真を撮れる
●１日だけ子どもの頃に憧れた大人として振舞ってみる（お小遣いをあげる、美味しいお土産をあげる、おもちゃを買ってあげる）
●旬の美味しい蟹を好きなだけ食べられる
●美味しい激辛ラーメンに挑戦
●○○に寄り道をして帰ってみる
●○○さんにサプライズをして喜ばれる
●恩師にありがとうの手紙を出してみる
●懐かしい歌を思いっきり歌う
●最高の場所で花火大会（人気がない、静かなど）を見られる
●動物（犬、猫、アルパカ、うさぎなど）と触れ合って癒される
●イルカと一緒に泳げる
●ライブで音楽（クラシック・ロック・そのほか）を体感できる
●気になっていた駅で途中下車して素敵な時間を過ごせる
●雨具で、おしゃれな雨の日を楽しめる
●憧れの人○○さんと肩をならべて歩ける
●無邪気に水遊びをするチャンスがある
●波の音を聞ける時間が持てる
●いちばん好きな服を着て○○に出かけられる
●思う存分徹夜を楽しめる
●思う存分本を読める
●自然の中で食事を楽しめる
●新しいレシピに挑戦
●テーマパーク（具体的に）で楽しい１日を過ごせる
●満足のいく年賀状をデザインできる
●水族館に行ける
●プラネタリウムを特等席で観覧できる
●流れ星を見に行ける
●いつもと違う大晦日、元旦を過ごせる
●素敵な思い出になるクリスマスを過ごせる
●大好きなお菓子の工場見学に行ける
●興味のある名所旧跡（具体名）に行ける
●日本全国の名物を食べられる（47都道府県全部リストアップすると、1年100個の願い事の約半分をクリア！）
●富士山に登山できる
●自分が欲しいものが明確になれる
●未来を想像できるようになれる
●自分の意見を持てるようになれる
●自分の考えや行動を信頼できる
●必要なときに実力以上の力を自然と発揮できる
●大切なときは自然と力がわいてくる
●生活のパターンを良いものに変えていける
●良い結果を得るための集中ができる

著者紹介
さとうめぐみ

手帳を用い、時間を有効に使って、自分の夢や願いを叶える方法「手帳セラピー」を考案。手帳セラピストとして、全国の悩める女性たちに手帳やノートを使った自己実現の方法をレクチャーしている。

著書に『恋人おとりよせノートの作り方』『幸せおとりよせ手帳』（ともに廣済堂出版）、『月の魔法でキレイになる』（かんき出版）など。

オフィシャルサイト　http://www.utosa.net/

装画・本文イラスト　Krimgen
装丁　ナカミツデザイン
編集・DTP　株式会社マニュブックス

1年で100個の願いを叶える
心地良く満たされた日々のつくりかた

2016年9月5日　第1版第1刷

著　書　さとうめぐみ
発行者　後藤高志
発行所　株式会社廣済堂出版
〒104-0061 東京都中央区銀座3-7-6
電話 03-6703-0964（編集）03-6703-0962（販売）
Fax03-6703-0963（販売）
振替 00180-0-164137
http://www.kosaido-pub.co.jp

印刷・製本　株式会社廣済堂

ISBN 978-4-331-51994-3 C0076